PIDE Y SE TE DARÁ

Esther y Jerry Hicks

Pide y se te dará

Aprende a manifestar tus deseos

URANO

Argentina - Chile - Colombia - España
Estados Unidos - México - Uruguay - Venezuela

Título original: *Ask and It Is Given*
Editor original: Hay House, Inc., California, USA.
Traducción: Camila Batllés

Copyright © 2004 *by* Esther and Jerry Hicks
   Original English Language Publication 2004 by Hay House, Inc.,
   California, USA.
© 2005 de la traducción *by* Camila Batllés
© 2005 *by* Ediciones Urano, S.A.
Aribau, 142, pral. - 08036 Barcelona
www.edicionesurano.com
www.mundourano.com

ISBN: 978-84-7953-611-4
Depósito legal: B. 36.267 - 2008

Fotocomposición: Ediciones Urano, S.A.
Impreso por Romanyà Valls, S.A. - Verdaguer, 1 - 08786 Capellades (Barcelona)

Impreso en España - *Printed in Spain*

*Este libro está dedicado a todos quienes,
en su afán por alcanzar la sabiduría y el bienestar,
han formulado las preguntas a las que este libro responde,
y a los tres encantadores hijos de nuestros hijos,
ejemplos de lo que este libro enseña:
Laurel (5), Kevin (3) y Kate (2), y que aún
no hacen preguntas porque aún no han olvidado.*

*Estas enseñanzas están especialmente dedicadas
a Louise Hay, cuyo deseo de preguntar y aprender
—y difundir los principios del Bienestar por todo el planeta—,
la llevó a pedirnos que creáramos este libro
de las enseñanzas completas de Abraham.*

Índice

Prólogo

Por el doctor Wayne W. Dyer,
autor del éxito de ventas *El poder de la intención*

El libro que el lector tiene en estos momentos en sus manos contiene algunas de las enseñanzas más poderosas que existen hoy en nuestro planeta. Me he sentido profundamente conmovido e influido por los mensajes que Abraham ofrece en esta obra, y por las cintas que Esther y Jerry nos vienen ofreciendo desde hace dieciocho años. De hecho, me siento honrado de que Abraham me haya pedido que escriba un breve prólogo a este libro, que considero un hito editorial. Es una obra única en el mundo de la edición que permitirá al lector adentrarse en el pensamiento de quienes están permanentemente conectados con la fuente de energía. Por lo demás, estas voces del espíritu se expresan en un lenguaje comprensible que usted podrá llevar de inmediato a la práctica. Le ofrecen nada menos que la pauta para comprender y llevar a buen término su destino.

Lo primero que se me ocurre es que si usted no está todavía preparado para leer y aplicar esta gran sabiduría, le recomiendo que lleve consigo este libro durante unas semanas. Permita que la energía que contiene traspase cualquier resistencia que su cuerpo o su mente ofrezca, y preste atención al eco de ese lugar interior que carece de forma y de fronteras y que solemos llamar alma, pero que Abraham denominaría nuestra conexión vibratoria con nuestra fuente.

Éste es un Universo de vibraciones. Como observó en cierta ocasión Einstein: «Nada ocurre hasta que no se mueve algo», esto es, todo vibra de acuerdo con una determinada frecuencia mensurable. Si fragmentamos el mundo sólido en componentes minúsculos observaremos que lo que parece sólido constituye un baile de partículas y espacios vacíos. Si examinamos la más pequeña de estas partículas quántum comprobaremos que ha emanado de una fuente que vibra a una velocidad tan elevada que contraviene el mundo de principios y fines. Esta energía que vibra a una elevada velocidad se llama fuente de energía. Todo y todos, incluido usted, nos hemos originado a partir de esta vibración y posteriormente nos hemos trasladado al ámbito de los objetos, cuerpos, mentes y egos. Al abandonar esta fuente de energía para convertirnos en nuestro cuerpo/mente, asumimos nuestro mundo de problemas, enfermedades, penurias y temores.

Las enseñanzas de Abraham se centran fundamentalmente en ayudarle a retornar, en todos los aspectos, a esta fuente de la que emana todo y a la que todo regresa. Esta fuente de energía tiene un aspecto y produce una sensación que ya he abordado en mi libro *The Power of Intention*. No obstante, Abraham es capaz de ofrecerle esta maravillosa sabiduría gracias a estar conectado al ciento por ciento con esta fuente y no dudar jamás de esa conexión, como queda patente en cada párrafo de este libro. Por eso lo considero un hito editorial.

Estamos en contacto directo y consciente con un elenco de seres honestos y fiables a quienes lo único que les interesa es nuestro bienestar. Nos recordarán que provienen de una fuente de bienestar y que podemos invocar esa elevada energía vibratoria y permitir que fluya libremente a través de todos los aspectos de nuestra vida, o bien resistirnos a ella y permanecer desconectados de aquello que nos lo da todo y es todo amor.

El mensaje que contiene este libro es extraordinario y a la vez muy simple: provenimos de una fuente de amor y bienestar. Cuando Estamos en sintonía con esa energía de paz y amor, recobramos el poder de nuestra fuente, es decir, el poder de manifestar nuestros deseos, propiciar nuestro bienestar, atraer la abundancia en lugar de la escasez y acceder a la guía divina en forma de las personas adecuadas y las circunstancias idóneas. Esto es lo que hace la Fuente, y puesto que usted emana de esa fuente, usted puede y debe hacer lo mismo.

He pasado un día entero con Abraham en persona, he cenado con Esther y Jerry y he escuchado centenares de grabaciones de Abraham, por lo que puedo afirmar de primera mano que está usted a punto de emprender un viaje que transformará su vida, en compañía de dos de las personas más auténticas y espiritualmente puras que he conocido jamás. Jerry y Esther Hicks cumplen su papel de proporcionarle estas enseñanzas con el mismo respeto que yo siento al escribir este prólogo.

Le recomiendo que lea estas palabras con atención y las lleve de inmediato a la práctica. Sintetizan una observación que vengo ofreciendo desde hace años: «Cuando uno cambia su forma de contemplar las cosas, las cosas que contempla cambian». Se dispone usted a experimentar un cambio a partir del cual se abrirá un mundo nuevo ante sus ojos. Es el mundo creado por una fuente de energía que desea que usted vuelva a conectarse a ella y goce de una vida plena y satisfactoria.

Gracias, Abraham, por permitirme decir unas palabras en este magnífico y valioso libro.

Os quiero a todos.

WAYNE

Prefacio

Por Jerry Hicks

El sol despunta sobre la costa de Malibú cuando inicio este prefacio. A estas horas de la mañana el intenso color azul del océano Pacífico es comparable al profundo gozo que experimento al imaginar la utilidad de las revelaciones que ofrece al lector este libro.

Pide y se te dará versa sobre el hecho de que las fuerzas todopoderosas nos conceden lo que pidamos. Pero ante todo trata sobre *cómo* se nos concederá lo que pidamos; es asimismo el primer libro que, con una terminología clara, nos ofrece una fórmula sencilla y práctica sobre *cómo* pedir, y recibir, lo que deseamos ser, hacer o tener.

Hace décadas, mientras buscaba respuestas admisibles a mi incesante afán de averiguar en qué consiste «Ello», descubrí la palabra *inefable*, que significa «que no puede ser expresado con palabras». El término *inefable* coincidía con una conclusión a la que yo había llegado sobre «Ello». Había comprendido que cuanto más cerca estamos de conocer lo «no físico», menos palabras tenemos para expresarlo con claridad. Así pues, cualquier estado de conocimiento completo equivale a un estado de inefabilidad. Dicho de otro modo, en estos momentos de nuestra realidad tiempo-espacio no podemos expresar claramente con palabras físicas lo no físico.

A lo largo de la historia de lo físico, hemos evolucionado hacia y a través de miles de millones de filosofías, religiones, opiniones y creencias. Pero pese a los miles de millones de pensadores que han reflexionado, extraído multitud de conclusiones y transmitido sus creencias a las generaciones siguientes, no hemos hallado palabras físicas —en cualquier caso no palabras que nos permitan ponernos de acuerdo— para expresar lo no físico.

En los anales de la historia sólo hay constancia de unos pocos de los numerosos seres que se han comunicado conscientemente con la inteligencia no física. Algunos han sido reverenciados; otros, condenados. Pero la mayoría de ellos, que eran conscientes de una comunicación personal con lo no físico, decidieron (quizá por temor a ser condenados o incluso institucionalizados) no relatar a nadie esas revelaciones.

Moisés, Jesús, Mahoma, Juana de Arco, Joseph Smith, para citar sólo unos pocos de los más conocidos en el mundo de habla inglesa, manifestaron sin tapujos ser receptores de la inteligencia no física, y la mayoría de ellos tuvieron un fin físico atroz. Por consiguiente, aunque cada uno de nosotros recibimos directamente una orientación no física, sólo unos pocos reciben porciones de pensamiento no físico lo bastante claros para traducirlos a nuestras palabras físicas, y de ellos, sólo unos pocos están dispuestos a revelar su experiencia a los demás.

Hago mención de estos datos en el prefacio del libro que está a punto de leer porque mi esposa, Esther, es una de esas raras personas capaces de relajar a voluntad su mente consciente para recibir de lo no físico respuestas a determinadas preguntas. De alguna forma, Esther recibe bloques de pensamiento (que no palabras) y, al igual que un traductor de castellano-inglés oiría un pensamiento proyectado en palabras castellanas y traduciría ese pensamiento (no las palabras) en palabras inglesas, Esther traduce al instante el pensamiento no físico en la palabra equivalente más aproximada.

Tenga presente el lector que puesto que no siempre existen palabras físicas capaces de expresar con precisión el pensamiento que recibe, en ocasiones Esther forma nuevas combinaciones de palabras, además de utilizar palabras normales de otra forma (por ejemplo, escribiéndolas con mayúsculas cuando no solemos hacerlo), con el fin de expresar nuevas formas de contemplar la vida. Por esta razón, hemos creado un breve glosario al final del libro para explicar nuestra particular utilización de algunas palabras corrientes. Por ejemplo, «bienestar» es un término corriente que significa un estado de felicidad, salud o prosperidad. Pero la base de la singular filosofía de Abraham se traduce en inglés como *Bienestar*, refiriéndose a un bienestar Universal, No Físico, que fluye de modo natural a través de todos nosotros salvo cuando hacemos algo para impedirlo. (Asimismo, el lector hallará en el texto algunos términos y expresiones que hemos acuñados nosotros mismos que no son de uso común.)

Desde 1986, Esther y yo viajamos cada año a unas cincuenta ciudades para ofrecer seminarios, y los asistentes a ellos pueden comentar o plantear preguntas sobre los temas que deseen, sin ninguna limitación. Acuden millares de personas, pertenecientes a distintos grupos étnicos, estratos sociales y corrientes filosóficas, deseosas de mejorar sus vidas, bien directamente para ellas mismas o, indirectamente, para ayudar a otros. Y esos miles de personas que han pedido más han obtenido respuesta, a través de Esther Hicks, de la Inteligencia No Física.

Por consiguiente, en respuesta a las peticiones de esas personas que, al igual que usted, desean saber más, esta filosofía del Bienestar ha llevado a la creación de este libro.

El núcleo de estas enseñanzas lo constituye la poderosa *Ley de Atracción*. Durante la última década, hemos publicado buena parte de las enseñanzas de Abraham en nuestro boletín trimestral, *The Science of Deliberate Creation* (la Ciencia de la Creación Deliberada), que ponen de relieve las perspectivas más novedosas obtenidas a partir de las preguntas planteadas por los asistentes a nuestros seminarios, dirigidos a enseñarles el *Arte de Permitir*. Así, esta filosofía evoluciona constantemente a medida que ustedes nos plantean nuevas preguntas y perspectivas.

Este libro ofrece un eficaz curso en materia de práctica espiritual. Se trata de un manual de instrucciones en el sentido más amplio del término, es decir, le enseña cómo ser, hacer o tener lo que le complazca, y al mismo tiempo le enseña *cómo* no ser, hacer o tener lo que le disguste.

JERRY

Una introducción a Abraham

Por Esther Hicks

—¡Esa mujer se comunica con espíritus! —decían nuestros amigos—. La semana que viene estará aquí, de modo que podéis concertar una entrevista con ella y preguntarle lo que queráis.

«Es lo último que deseo hacer», pensé, pero al mismo tiempo oí a Jerry, mi marido, decir:

—De acuerdo, ¿cómo podemos concertar una entrevista con ella?

Eso ocurrió en 1984, y en los cuatro años que llevábamos casados, Jerry y yo jamás habíamos discutido ni habíamos cruzado una palabra airada. Éramos dos jóvenes alegres, que vivíamos felices y éramos compatibles en prácticamente todos los temas que se planteaban. Lo único que me molestaba era que Jerry divirtiera a sus amigos con sus anécdotas de veinte años atrás, relatándoles sus experiencias con la tabla ouija. Cuando nos encontrábamos en un restaurante u otro lugar público y yo presentía que Jerry iba a relatar una de sus anécdotas, me disculpaba educadamente (a veces no tan educadamente) y me refugiaba en el lavabo de mujeres, me sentaba en la barra del local o daba un paseo hasta donde habíamos aparcado el coche, donde permanecía hasta que había pasado el suficiente tiempo para que Jerry hubiera concluido su relato. Por fortuna, al cabo de un tiempo Jerry dejó de contar esas anécdotas cuando yo estaba presente.

Yo no era lo que se dice una chica religiosa, pero había asistido a suficientes clases de catequesis para desarrollar un profundo temor al mal y al diablo. Bien pensado, no estoy segura de que nuestros profesores de catequesis dedicaran buena parte de las clases a enseñarnos a temer al diablo o si era algo que yo tenía arraigado en la mente. En cualquier caso, eso es lo que recuerdo a grandes rasgos de esa época.

De modo que tal como me habían enseñado que hiciera, procuraba evitar todo lo que pudiera estar relacionado con el diablo. En cierta ocasión, de joven, estaba sentada en un cine al aire libre cuando al mirar por la ventanilla trasera del coche hacia otra pantalla contemplé una escena horripilante de *El exorcista* (una película que había evitado), y lo que vi, sin oír el sonido, me impresionó hasta el extremo de que tuve pesadillas durante varias semanas.

—Se llama Sheila —explicó nuestro amigo a Jerry—. Concertaré una entrevista con ella y os comunicaré cuándo puede recibiros.

Jerry se pasó los días siguientes tomando nota de las preguntas que deseaba hacer a Sheila. Me dijo que había varias que deseaba plantearle a alguien desde que era niño. Por mi parte, en lugar de hacer una lista de preguntas, traté de hacerme a la idea de que íbamos a visitar a esa mujer.

Cuando aparcamos frente a una bonita casa situada en el centro de Phoenix, Arizona, recuerdo que pensé: «¿Pero qué diantres hago aquí?» Nos encaminamos hacia la puerta principal y nos abrió una mujer de aspecto afable, que nos hizo pasar a una elegante sala de estar para esperar a que nos recibiera Sheila.

Era una casa espaciosa, amueblada con sencillez, pero elegante, en la que reinaba una insólita quietud. Recuerdo que sentí una profunda sensación de respeto, como si estuviera en una iglesia.

En éstas se abrió una puerta de gran tamaño y aparecieron dos atractivas mujeres vestidas con blusas de algodón y faldas de vivos colores. Por lo visto, Jerry y yo éramos las primeras visitas después de comer. Ambas mujeres presentaban un aspecto alegre y distendido, lo cual hizo que me relajara un poco. Quizá no resultara una experiencia tan rara como me temía.

Nuestras anfitrionas nos invitaron a pasar a un hermoso dormitorio en el que había tres sillas situadas al pie de la cama. Sheila se sentó en el borde de la cama y su ayudante en una de las sillas, junto a una mesa sobre la que había una grabadora. Después de que Jerry y yo ocupáramos las otras dos sillas, me preparé para la experiencia que me aguardaba.

La ayudante nos explicó que Sheila se relajaría y liberaría su conciencia, y que entonces Theo, una entidad No Física, se dirigiría a nosotros. Cuando eso ocurriera, podíamos hablar sobre cualquier tema que deseáramos.

Sheila se tendió en el borde de la cama, a escasa distancia de donde Jerry y yo estábamos sentados, y comenzó a respirar profundamente. Al cabo de unos minutos una voz que tenía un tono extraño dijo:

—Esto es el comienzo, ¿no es así? ¿Tenéis algunas preguntas que formular?

Miré a Jerry confiando en que estuviera dispuesto a empezar, porque yo sabía que no estaba preparada para hablar con quienquiera que se había dirigido a nosotros. Jerry se inclinó hacia delante, deseoso por formular su primera pregunta.

Cuando las primeras palabras de Theo brotaron lentamente de labios de Sheila sentí que me relajaba. Y aunque sabía que oíamos la voz de ella, también sabía que el origen de esas maravillosas respuestas era algo muy distinto de Sheila.

Jerry explicó que desde que era un niño de cinco años deseaba plantear a alguien estas preguntas, y las formuló tan rápidamente como pudo. Los treinta minutos de nuestra entrevista pasaron muy deprisa, pero durante ese tiempo, sin que yo pronunciara una palabra, mi temor ante la extraña experiencia remitió y disfruté una sensación de bienestar muy superior a todo cuanto había experimentado antes.

Cuando nos montamos de nuevo en el coche le dije a Jerry:

—Me gustaría volver mañana. Quiero preguntarle algunas cosas.

Jerry se mostró encantado de concertar otra entrevista con Sheila, pues deseaba también formularle más preguntas.

Al día siguiente, a la mitad de la entrevista, Jerry me cedió a regañadientes el tiempo que nos restaba.

—¿Cómo podemos alcanzar más eficazmente nuestros objetivos? —pregunté a Theo. La respuesta no se hizo esperar:

—Meditación y afirmaciones.

La idea de meditar no me atraía en absoluto, y que supiera no conocía a nadie que la practicara. De hecho, la mera palabra me hacía pensar en personas postradas sobre un lecho de clavos, caminando sobre carbones encendidos, pasando años apoyadas sobre un pie o mendigando donaciones en el aeropuerto.

—¿A qué se refiere con lo de *meditación*?

La respuesta fue breve y las palabras me tranquilizaron.

—Sentaos en una habitación tranquila. Poneos ropa cómoda y concentraos en vuestra respiración. A medida que vuestra mente se relaje, al cabo de unos minutos, liberad vuestros pensamientos y concentraos en vuestra respiración. Conviene que lo hagáis juntos. Así será más poderosa.

—¿Puede proponernos una afirmación que nos sea útil? —preguntamos.

—*Yo* (pronunciad vuestros nombres) *veo y atraigo hacia mí, a por medio del amor divino, a los Seres que buscan la iluminación a través de mi proceso. El hecho de compartir esta experiencia nos elevará a los dos.*

Las palabras que brotaban de Sheila/Theo penetraban hasta lo más profundo de mi ser. Me invadió una sensación de amor que fluyó a través de mí con una fuerza inaudita. Mi temor se desvaneció por completo. Tanto Jerry como yo experimentamos una sensación maravillosa.

—¿Podemos traer a nuestra hija, Tracy, para que la conozca? —pregunté.

—Si ella lo desea, pero no es necesario, pues vosotros (Jerry y Esther), constituís unos cauces.

Esa frase no tenía el menor sentido para mí. Me parecía increíble haber cumplido los treinta años y no conocer aquel detalle, suponiendo que fuera cierto.

La grabadora se detuvo y Jerry y yo sentimos una leve decepción al percatarnos de que nuestra extraordinaria experiencia había concluido. La ayudante de Sheila nos preguntó si deseábamos formular una última pregunta.

—¿Queréis conocer el nombre de vuestro guía espiritual? —preguntó.

Yo jamás habría preguntado eso, pues no había oído nunca el término «guía espiritual», pero me pareció una buena pregunta. Me gustaba la idea de tener un ángel guardián. De modo que respondí:

—Sí, ¿puede decirnos el nombre de mi guía espiritual?

—Según nos informan, te lo facilitarán dentro de poco —contestó Theo—. Tendrás una experiencia clariauditiva, y entonces lo sabrás.

«¿Qué es una experiencia clariauditiva?», me pregunté, pero antes de que pudiera formular mi pregunta, Theo dijo con tono concluyente:

—¡El amor de Dios penetra en vosotros!

Acto seguido Sheila abrió los ojos y se incorporó. Nuestra asombrosa conversación con Theo había terminado.

Cuando Jerry y yo abandonamos la casa nos dirigimos en coche hasta un lugar con preciosas vistas ubicado en la ladera de una de las montañas de Phoenix. Nos apoyamos en el coche y contemplamos la puesta de sol en el horizonte. No teníamos remota idea de la transformación que se había operado ese día en nosotros. Sólo sabíamos que nos sentíamos maravillosamente.

Ya en casa tomé dos nuevas y poderosas decisiones: iba a meditar, aunque no sabía muy bien lo que significaba esa palabra, e iba a averiguar el nombre de mi guía espiritual.

Así pues, Jerry y yo nos pusimos nuestras batas, corrimos las cortinas de la sala de estar, nos sentamos en unas cómodas butacas orejeras y colocamos una banqueta entre él y yo. Theo nos había recomendado que practicáramos juntos la meditación, pero nos parecía extraño, y la banqueta contribuía a paliar esa sensación.

Recordé las instrucciones de Theo: «Sentaos en una habitación tranquila, poneos ropa cómoda y concentraos en vuestra respiración». Pusimos el despertador para que sonara al cabo de quince minutos, cerré los ojos y empecé a concentrarme en mi respiración. Pregunté mentalmente: «¿Quién es mi guía espiritual?», tras lo cual conté las veces que inspiraba y exhalaba aire. De inmediato, mi cuerpo se quedó como dormido. No podía distinguir mi nariz de los dedos de mis pies. Era una sensación extraña pero cómoda, que me complació. Parecía que mi cuerpo girara lentamente, aunque sabía que estaba sentada en una butaca. Entonces sonó el despertador, sobresaltándonos.

—Hagámoslo otra vez —dije.

Volví a cerrar los ojos, conté las veces que inspiraba y exhalaba y sentí que mi cuerpo se quedaba dormido. Cuando el despertador sonó de nuevo dije:

—Repitámoslo.

De modo que pusimos el despertador para que sonara al cabo de otros quince minutos y volví a sentir que un entumecimiento invadía mi cuerpo. Pero esta vez noté que algo, o alguien, respiraba a través de mi cuerpo. Desde mi punto de vista, parecía como si un amor arrebatado fluyera desde lo más profundo de mi ser hacia fuera. ¡Era una sensación gloriosa! Jerry me oyó gemir suavemente y más tarde comentó que parecía como si estuviera en éxtasis.

Cuando sonó el despertador y salí de mi meditación, los dientes me castañeteaban de una forma inaudita. La palabra «zumbaban» se ajusta más a la experiencia. Los dientes me zumbaron durante casi una hora mientras yo trataba de relajarme y recobrar mi estado normal de conciencia.

En esos momentos no comprendí lo que había sucedido, pero sabía que había experimentado mi primer contacto con Abraham. Aunque no sabía qué había ocurrido, sabía que fuera lo que fuese era una experiencia magnífica. Y deseé que se repitiera.

Jerry y yo decidimos meditar todos los días durante quince minutos. Creo que durante los siguientes nueves meses no dejamos de hacerlo un solo día. Cada vez sentí un entumecimiento en mi cuerpo, o una sensación de separación del mismo, pero durante nuestras meditaciones no ocurrió ninguna cosa extraordinaria. Poco antes del día de Acción de Gracias de 1985, no obstante, mientras meditaba, mi cabeza empezó a moverse ligeramente de un lado a otro. Durante los días siguientes noté que mientras meditaba mi cabeza describía un movimiento suave y fluido. Era una sensación maravillosa, como si volara. El tercer día que se produjo ese curioso fenómeno, durante mi meditación, me percaté de que mi cabeza no se movía de forma aleatoria, sino que parecía como si mi nariz trazara unas letras en el aire: «S-N-O-F».

—¡Jerry! —grité—. ¡Estoy dibujando unas letras con la nariz!

Y al pronunciar esas palabras experimenté de nuevo una sensación de éxtasis. Sentí que se me ponía la piel de gallina cuando esa Energía No Física me recorrió todo el cuerpo.

Jerry se apresuró a sacar su bloc de notas y a escribir las letras mientras mi nariz las trazaba en el aire: «SOY ABRAHAM. TU GUÍA ESPIRITUAL».

Posteriormente Abraham nos explicó que «ellos» son muchos. Se refieren a sí mismos en plural porque forman una Conciencia Colectiva. Nos explicaron que, al principio, las palabras «Soy Abraham» fueron pronunciadas sólo a través de mí porque yo imaginaba a mi guía espiritual en singular, pero que son muchos, y se expresan con una sola voz, por así decir, o un consenso de pensamiento.

Según Abraham: «Abraham no es una conciencia singular como creéis que sois vosotros, que moráis en cuerpos singulares. Abraham es una Conciencia Colectiva. Existe un Flujo de Conciencia No Física, y cuando uno de vosotros formula una pregunta, hay infinidad de puntos de conciencia que circulan a través de lo que consideráis que es una sola perspectiva (porque, en este caso, hay un ser humano, Esther, que lo interpreta o articula), y por eso creéis que es singular. Lo cierto es que somos multidimensionales, multifacéticos y formamos una multiconciencia».

Abraham nos ha explicado que no murmuran palabras en mis oídos, que yo luego repito para otros, sino que me ofrecen unos bloques de pensamiento, como unas señales de radio, que recibo a nivel inconsciente. Luego traduzco esos bloques de pensamiento en palabras físicas equivalentes. Yo «oigo» las palabras a medida que las pronuncian a través de mí, pero durante el proceso de traducción no soy consciente de las palabras que brotan de mis labios, ni recuerdo las que ya he pronunciado.

Abraham explicó que hacía mucho tiempo que me ofrecían esos bloques de pensamiento, pero como yo trataba de seguir las instrucciones de Theo al pie de la letra —concretamente, «cuando tu mente se relaje, lo cual hará al cabo de unos minutos, libera tus pensamientos y concéntrate en tu respiración»— tan pronto se iniciaban esos pensamientos yo los liberaba rápidamente y me concentraba de nuevo en mi respiración. Supongo que el único medio que tenían para lograr que yo reparara en ellos era hacer que mi nariz trazara unas letras en el aire. Abraham dice que esas maravillosas sensaciones que sentí a través de mi cuerpo cuando me di cuenta de que trazaba unas letras en el aire se debía a la alegría que experimenté al percatarme de nuestra conexión consciente.

Nuestro proceso de comunicación evolucionó rápidamente durante las semanas sucesivas. Dibujar letras en el aire con mi nariz era un proceso muy lento, pero Jerry estaba tan entusiasmado con esa fuente de información clara y viable que a menudo me despertaba en plena noche para formular preguntas a Abraham.

Pero una noche, inopinadamente, sentí una sensación muy intensa que fluía a través de mis brazos, mis manos y mis dedos. Estábamos acostados en la cama viendo la televisión y mi mano empezó a golpear el pecho de Jerry. Mientras mi mano seguía golpeándole, sentí la imperiosa necesidad de sentarme ante mi máquina de escribir IBM Selectric. Cuando apoyé los dedos en el teclado, mis manos empezaron a moverse rápidamente sobre las teclas, como si alguien hubiera descubierto de repente la utilidad de esta máquina de escribir y el lugar que ocupaba cada tecla. Mis manos empezaron a escribir: cada letra, cada número, una y otra vez. Y las palabras empezaron a cobrar forma sobre el papel: «Soy Abraham. Soy tu guía espiritual. He venido para trabajar contigo. Te amo. Escribiremos juntos un libro».

Comprobamos que cuando yo apoyaba las manos sobre el teclado me relajaba, como ocurría durante la meditación, y que Abraham (al que en adelante llamaremos «ellos») respondía a cualquier pregunta que formulara Jerry. Fue una experiencia asombrosa. Eran seres increíblemente inteligentes, amables y accesibles. Siempre estaban dispuestos, a cualquier hora del día y de la noche, a conversar con nosotros sobre el tema que quisiéramos plantearles.

Una tarde, mientras circulábamos en coche por una autovía de Phoenix, sentí una sensación en la boca, el mentón y el cuello semejante a la que experimentamos cuando vamos a bostezar. Era una sensación muy intensa, hasta el punto de que no pude reprimirla. Entonces tomamos una curva entre dos camiones gigantescos, que parecía que iban a invadir nuestro carril al mismo tiempo, y durante unos instantes pensé que se nos echarían encima. Pero de improviso brotaron de mis labios las primeras palabras pronunciadas por Abraham:

—¡Tomad por la próxima salida!

Abandonamos la autovía y nos detuvimos en un aparcamiento situado debajo de un paso elevado. Jerry y Abraham charlaron durante horas. Yo mantuve los ojos cerrados mientras mi cabeza se movía rítmicamente de un lado a otro y Abraham respondía a las incesantes preguntas de Jerry.

¿Cómo es posible que me haya sucedido algo tan maravilloso? A veces, cuando pienso en ello, me resulta increíble. Parece un cuento de hadas, casi como si hubiera frotado una linterna mágica y mis sueños se hubieran cumplido. Otras pienso que es la experiencia más natural y lógica del mundo.

En ocasiones apenas recuerdo cómo vivía antes de que Abraham apareciera en nuestras vidas. Siempre he sido, con escasas excepciones, lo que la mayoría de la gente describiría como una persona feliz. Tuve una infancia maravillosa, sin grandes traumas y, junto con mis dos hermanas, tuve la suerte de tener unos padres amables y cariñosos. Como ya he dicho, Jerry y yo llevábamos felizmente casados cuatro años, y me sentía, en todos los aspectos, contenta y satisfecha. No me consideraba una persona atormentada por numerosas preguntas sin respuesta. De hecho, no solía plantearme muchas preguntas ni me había formado opiniones firmes sobre demasiados temas.

Jerry, por el contrario, estaba lleno de preguntas apasionadas. Era un lector voraz, siempre en busca de herramientas y técnicas que pudiera transmitir a otros para ayudarles a que sus vidas fueran más satisfactorias. Jamás he conocido a nadie más dispuesto a ayudar a otros a gozar de vidas más satisfactorias.

Abraham nos ha explicado que el motivo de que Jerry y yo formemos la combinación perfecta para realizar este trabajo juntos se debe a que el poderoso deseo de Jerry fue el que invocó a Abraham, mientras que la ausencia en mí de opiniones y agobios me convertía en una buena receptora de la información que Jerry había solicitado.

Jerry se mostró eufórico desde sus primeras interacciones con Abraham, pues comprendió la profundidad de su sabiduría y la claridad de lo que le ofrecía. A lo largo de estos años, su entusiasmo por Abraham no ha mermado ni un ápice. Ninguno de los presentes en la habitación disfruta más de lo que dice Abraham que Jerry.

Al principio de nuestras interacciones con Abraham, en realidad no sabíamos lo que ocurría y no teníamos forma de averiguar con quién hablaba Jerry, pero no dejaba de ser emocionante, asombroso, fantástico y curioso. Era tan extraño que estoy segura de que la mayoría de las personas que yo conocía no lo comprendía y probablemente no deseaba comprenderlo. Por consiguiente, hice que Jerry prometiera no revelar a nadie nuestro extraordinario secreto.

Es obvio que Jerry no cumplió su promesa, cosa que no lamento. No hay nada que nos guste tanto como estar en una habitación llena de personas que desean comentar distintos temas con Abraham. Lo que oímos con mayor frecuencia, de personas que conocen a Abraham a través de nuestros libros, vídeos, cintas de audio, talleres o páginas web, es: «Gracias por ayudarme a recordar lo que de algún modo he sabido siempre», y «Esto me ha ayudado a reunir las piezas de la verdad que he ido descubriendo. ¡Me ha ayudado a comprender que todo tiene sentido!»

Abraham no parece interesado en pronosticar nuestro futuro, como haría un clarividente, aunque creo que ellos siempre saben lo que el futuro nos deparará. Son maestros que nos guían desde donde nos hallamos hacia donde deseamos ir. Nos han explicado que su misión no consiste en decidir qué debemos desear, sino ayudarnos a alcanzar lo que deseamos. Como dicen ellos: «Abraham no pretende guiar a nadie hacia algo o alejarlo de algo. Queremos que vosotros toméis vuestras propias decisiones según vuestros deseos. Nuestro único deseo es que descubráis la forma de *alcanzar* vuestros deseos».

Mi comentario favorito a propósito de Abraham lo hizo un chico adolescente que acababa de escuchar una cinta en la que Abraham abordaba unas preguntas que le habían planteado otros adolescentes. El chico dijo: «Al principio, no creí que Esther hablara por boca de Abraham. Pero cuando escuché la cinta y oí las respuestas de Abraham a esas preguntas, comprendí que Abraham era real, porque no emitía juicios de valor. No creo que ninguna persona pudiera ser tan sabia, tan justa y tan ecuánime».

Para mí, este viaje con Abraham ha sido tan maravilloso que no puedo expresarlo con palabras. Adoro el sentido de Bienestar que he alcanzado gracias a lo que he aprendido de ellos. Me encanta que su dulce orientación me produzca siempre una sensación de poder personal. Me encanta comprobar que las vidas de muchos de nuestros queridos amigos (y nuevos amigos) han mejorado gracias a haber llevado a la práctica las enseñanzas de Abraham. Me encanta que esos seres brillantes y amables aparezcan en mi mente cada vez que los invoco, siempre dispuestos y deseosos de ayudarnos a comprender algo.

(Varios años después de que conociéramos a Sheila y a Theo, Jerry miró el nombre de «Theo» en nuestro diccionario. «¡Theo significa *Dios*!», me anunció entusiasmado. Es un nombre perfecto. No puedo por menos de sonreír cuando recuerdo ese maravilloso día, que constituyó un jalón muy importante en nuestras vidas. ¡Pensar que yo temía acabar interactuando con el diablo, cuando en realidad me disponía a mantener una charla con Dios!)

Cuando comenzamos a trabajar con Abraham, las personas que asistían a nuestras sesiones querían que les explicáramos nuestra relación. «¿Cómo se produjo vuestro encuentro con ellos? ¿Cómo mantenéis vuestra relación? ¿Por qué os eligieron a vosotros? ¿Qué se siente al ser el portavoz de esta sabiduría tan profunda?» Al inicio de cada presentación oral o entrevista por radio o televisión Jerry y yo dedicábamos unos minutos a tratar de responder a esas preguntas. Pero esa parte de nuestra presentación me irritaba. Tan sólo deseaba relajarme y dejar que la Conciencia de Abraham fluyera a través de mí, para centrarnos en lo que Jerry y yo considerábamos que era el motivo de nuestra presencia allí.

Por fin decidimos crear una grabación gratuita titulada *Introducción a Abraham*, para que la gente la escuchara cómodamente, en la que explicábamos los pormenores de cómo comenzó y se desarrolló nuestra experiencia con Abraham. (Hemos incluido esta *Introducción* de 74 minutos, que se puede descargar gratuitamente en www.abraham-hicks.com., en nuestra página web para explicar quiénes somos y qué hacíamos antes de conocer a Abraham.) Tanto Jerry como yo disfrutamos con el proceso de plasmar el mensaje de Abraham en un formato que pudiera ser escuchado y utilizado por otros, pero siempre hemos creído que lo importante es el mensaje de Abraham.

Esta mañana Abraham me ha dicho: «Esther, somos conscientes de las preguntas que irradian de la conciencia colectiva de vuestro planeta, y estaremos encantados de ofrecer aquí, a través de ti, las respuestas. Relájate y disfruta con la deliciosa creación de este libro.»

De modo que voy a relajarme y dejar que Abraham comience de inmediato a escribir este libro para usted. Imagino que ellos le explicarán, desde su perspectiva, quiénes son, pero, lo que es más importante, creo que le ayudarán a comprender quién es usted. Confío en que su encuentro con Abraham resulte tan valioso para usted como sigue siéndolo para mí.

Cariñosamente, ESTHER

COSAS QUE SABEMOS,
QUE QUIZÁS HAYAS OLVIDADO
Y QUE CONVIENE QUE RECUERDES

1

El poder de sentirte bien ahora

Nos llamamos Abraham y nos dirigimos a ti desde la dimensión No Física. Por supuesto, debes tener presente que tú también procedes de la dimensión No Física, de modo que no somos muy distintos unos de otros. Tu mundo físico procede de la proyección de lo No Físico. De hecho, tú y tu mundo físico sois extensiones de la Fuente de Energía No Física.

En esta esfera No Física no utilizamos palabras, pues no necesitamos expresarnos a través del lenguaje. Tampoco tenemos lengua con la que hablar ni oídos con los que oír, aunque nos comunicamos perfectamente entre nosotros. Nuestro lenguaje No Físico se compone de vibraciones, y nuestras comunidades No Físicas, o familias, se corresponden con nuestros propósitos. Dicho de otro modo, irradiamos lo que somos por medio de vibraciones, invocando a otros cuyos propósitos son análogos a los nuestros. Al igual que ocurre en vuestro mundo físico, aunque la mayoría de vosotros lo habéis olvidado.

Abraham constituye una familia de Seres No Físicos unidos de forma natural por nuestra poderosa intención de recordaros a vosotros, nuestras extensiones físicas, que todo se rige por las leyes del Universo. Nuestro propósito es ayudaros a recordar que sois extensiones de la Fuente de Energía, Seres amados y bendecidos, que habéis venido a esta realidad física tiempo-espacio para crear gozosamente.

Todos los que están encarnados en una forma física tienen equivalentes No Físicos. Sin excepción. Todos los que tienen una forma

física tienen acceso a la amplia perspectiva de lo No Físico. Sin excepción. Pero la mayoría de Seres físicos estáis tan ensimismados en
la naturaleza física de vuestro planeta que habéis desarrollado unos
marcados patrones de resistencia que impiden vuestra conexión
clara con vuestra Fuente. Nuestro propósito es ayudar a quienes lo
desean a recordar esa conexión.

Aunque todos los humanos físicos tenéis acceso a una clara comunicación con lo No Físico, la mayoría no sois conscientes de ello.
Con frecuencia, incluso cuando sois conscientes de que es posible,
desarrolláis hábitos de pensamiento que actúan a modo de resistencia y merma vuestra capacidad de interactuar conscientemente.

No obstante, de vez en cuando se abre un cauce claro de comunicación que nos permite transmitir nuestros conocimientos, por
medio de vibraciones, a alguien capaz de recibirlos con claridad y
traducirlos. Y esto es lo que ocurre aquí a través de Esther. Nosotros
le ofrecemos nuestros conocimientos por medio de vibraciones, de
forma similar a lo que vosotros consideráis señales de radio, y Esther
recibe esas vibraciones y las traduce en palabras físicas equivalentes.
Ahora bien, no existen palabras físicas adecuadas que expresen nuestra satisfacción y alegría de poder ofrecerte nuestros conocimientos,
a través de este medio, en estos momentos.

Nuestro poderoso deseo es que te sientas a gusto en el lugar en
el que te encuentres ahora, en estos momentos, estés donde estés.
Entendemos lo extrañas que te deben de parecer estas palabras si te
hallas en un lugar alejado de donde deseas estar. Pero te prometemos solemnemente que cuando comprendas el poder de sentirte
bien ahora, al margen de todo lo demás, habrás hallado la clave para
alcanzar cualquier estado de ánimo, salud, prosperidad o cualquier
otro que desees alcanzar.

Escribimos estas páginas con el deseo de ayudarte a compren-
derte mejor a ti mismo y a las personas que te rodean, y confiamos
en que te resulten útiles, pero lo cierto es que las palabras no ense-
ñan. Tus auténticos conocimientos provienen de tu experiencia vital. Y aunque te dediques a reunir experiencias y conocimientos, tu
vida no se centra sólo en eso, sino también en la satisfacción, la ple-

nitud, la felicidad. Tu vida se basa en la expresión continua de quien eres realmente.

Sólo oyes lo que estás preparado para oír

Nos dirigimos a ti a través de múltiples niveles de conciencia, simultáneamente, pero sólo recibirás lo que en estos momentos estés preparado para recibir. No todos los lectores de este libro obtendrán lo mismo de él, pero cada lectura de este libro te procurará algo más. Este es un libro que será leído reiteradas veces por quienes comprendan su poder. Ayudará a los Seres físicos a comprender su relación con DIOS y con TODO LO QUE SON EN REALIDAD.

Te ayudará a comprender lo que eres, lo que has sido, adónde te diriges y todo lo que sigues siendo.

Este libro te ayudará a comprender que por más que te esfuerces jamás lograrás completar tu tarea. Te ayudará a comprender tu relación con tu historia y tu futuro, pero, lo que es más importante, hará que comprendas la firmeza de tu poderoso presente.

Comprenderás que eres el creador de tu propia experiencia y el motivo de que todo tu poder resida en tu momento presente. En última instancia, este libro te ayudará a comprender cómo funciona tu *Guía Emocional* y dónde se halla situado actualmente tu *punto fijo vibratorio*.

En estas páginas hallarás procesos que te ayudarán a reconectarte con la parte «No Física» de ti; procesos que te ayudarán a obtener lo que desees. Cuando apliques estos procesos, tu memoria se reavive y comprendas la importancia de las poderosas leyes que rigen el Universo, *recobrarás tu alegría natural de vivir*.

2

Cumplimos la promesa que te hicimos: Te recordamos quién eres

¿Sabes lo que quieres? ¿Sabes que eres el creador de tu propia experiencia? ¿Disfrutas con la evolución de tu deseo? ¿Sientes el estímulo de un nuevo deseo que late en ti?

Si eres uno de los escasos seres humanos que han respondido «Sí, disfruto con la evolución de mi deseo. Me siento satisfecho en esta situación en la que aún no se han cumplido muchos de mis deseos», significa que sabes quién eres y comprendes en qué consiste esta experiencia vital física.

Pero si, como la mayoría de humanos, te sientes insatisfecho porque no se han cumplido todos tus deseos; si deseas tener más dinero, porque vives con carencias; si no te satisface tu situación laboral, pero no sabes cómo mejorarla; si tus relaciones no son satisfactorias, o si la relación ideal con la que llevas soñando desde tiempos inmemoriales no está a tu alcance; si tu cuerpo no presenta el aspecto que quisieras y no te sientes satisfecho con él... Significa que existen cosas muy importantes y fáciles de comprender que deseamos explicarte en este libro.

Deseamos ofrecerte esta información porque queremos que consigas todo cuanto deseas. Pero nos mueven además otros fines, porque entendemos que cuando hayas conseguido todo lo que has anotado en tu lista de deseos, vendrá otra, más larga, más exhaustiva. Por consiguiente, no escribimos este libro para ayudarte a conseguir todo lo que figura en tu lista, pues entendemos que es una empresa imposible.

Escribimos este libro para despertar de nuevo en ti el recuerdo del poder e inevitable éxito que late en lo más profundo de tu ser. Escribimos este libro para ayudarte a recobrar el optimismo, las expectaciones positivas y una alegría contagiosa, y para recordarte que no hay nada que no puedas ser, hacer o tener. Escribimos este libro porque te prometimos hacerlo. Y ahora, cuando sostienes este libro en tus manos, nos disponemos a cumplir nuestra promesa.

Tú dijiste: «¡Viviré con alegría!»

Dijiste: «Penetraré en la realidad física tiempo-espacio, en la que viven otros Seres, y asumiré una identidad con una perspectiva clara y específica. Aprenderé a contemplarme desde ese punto de vista, y me alegrará que otros me contemplen desde ese punto de vista».

Dijiste: «Observaré lo que me rodea, y mi respuesta a lo que observe propiciará mis propias y valiosas preferencias personales».

Dijiste: «Conoceré el valor de mis preferencias. Conoceré el valor de mi perspectiva».

Luego dijiste (y esto es lo más importante): «Sentiré siempre el poder y el valor de mi perspectiva personal, pues la "Energía No Física" que crea mundos fluirá a través de mis decisiones, mis propósitos y todos mis pensamientos, para la creación de lo que me propongo alcanzar desde mi perspectiva».

Entonces, antes de tu nacimiento físico, sabías que eras una «Fuente de Energía» concentrada específicamente en este cuerpo físico, y sabías que la persona física en la que te convertirías no podría separarse jamás de aquello de lo que procedes. Entonces comprendías tu conexión eterna con esa Fuente de Energía.

Dijiste: «Gozaré al encarnarme en este cuerpo físico, en una realidad tiempo-espacio, porque ese medio hará que concentre la poderosa Energía que soy en algo más específico. Y esa concentración de Energía contendrá un poderoso ímpetu que me permitirá avanzar con alegría».

Sabemos quién eres

Así pues, te encarnaste en este maravilloso cuerpo con el recuerdo de la alegre y poderosa naturaleza que eres, consciente de que siempre recordarás el esplendor de la Fuente de la que procedes y de que nunca podrás perder tu conexión con esa Fuente.

Nosotros estamos aquí para ayudarte a recordar que al margen de cómo te sientas en estos momentos, no puedes perder tu conexión con esa fuente.

Estamos aquí para ayudarte a recordar la poderosa naturaleza que eres, y ayudarte a recuperar a esa persona segura de sí, alegre, siempre en busca de algo maravilloso en que centrar su atención.

Puesto que sabemos quién eres, no nos costará ayudarte a recordar quién eres.

Puesto que sabemos de dónde procedes, no nos costará recordarte de dónde procedes.

Puesto que sabemos lo que deseas, te guiaremos fácilmente a que consigas lo que deseas.

No hay nada que no puedas ser, hacer o tener

Queremos que recuerdes que no hay nada que no puedas ser, hacer o tener, y queremos ayudarte a conseguirlo. Pero nos complace tu situación actual, aunque a ti te disguste, porque sabemos lo gozoso que será el viaje desde el punto donde te hallas ahora adonde deseas dirigirte.

Deseamos ayudarte a dejar atrás cualquier percepción que hayas adquirido a lo largo de tu trayectoria física que te impida alcanzar tu alegría y tu poder, y deseamos ayudarte a reactivar el poderoso conocimiento que late en lo más profundo de lo que eres.

Así pues, relájate y disfruta de este viaje, que realizarás en cómodas etapas, con el fin de redescubrir quién eres. Deseamos que cuando termines de leer este libro te conozcas como nosotros te conocemos, te ames como nosotros te amamos y goces de tu vida como nosotros la gozamos.

3

Tú creas tu propia realidad

Hace poco, nuestros amigos Jerry y Esther leyeron esta frase: «Tú eres el creador de tu propia realidad». (Habían descubierto los libros de *Seth,* de Jane Roberts.) Para ellos representó una perspectiva a la par emocionante e inquietante, pues, al igual que muchos de nuestros amigos físicos, deseaban asumir un control creativo de su experiencia pero les asaltaban numerosas dudas: «¿Conviene que elijamos la realidad que creamos? Y en caso afirmativo: ¿*Cómo* podemos lograrlo?»

La base de tu vida es la libertad absoluta

Naciste con el conocimiento innato de que eres el creador de tu propia realidad. De hecho, es un conocimiento tan básico que cuando alguien trata de impedir que crees tu propia vida, sientes de inmediato una disonancia en tu interior. Naciste sabiendo que eres el creador de tu realidad, y aunque el deseo de conseguirlo late poderosamente en ti, cuando empezaste a integrarte en tu sociedad empezaste a aceptar las mismas pautas que sostienen otros sobre cómo debe desarrollarse tu vida. Ahora bien, hoy sigues siendo consciente de que eres el creador de tu experiencia vital y que en última instancia la creación de tu experiencia vital depende única y exclusivamente de ti.

Nunca te ha gustado que otros te dijeran lo que debías hacer. Nunca te ha gustado que te disuadieran de tus poderosos impulsos. Pero con el tiempo, debido a las intensas presiones de quienes te rodean, convencidos de que su forma de ver las cosas es más válida que la tuya (y, por tanto, más adecuada), poco a poco renunciaste a tu determinación de dirigir tu vida. Con frecuencia te parecía más fácil adaptarte a sus criterios sobre lo que te convenía que imponer los tuyos. Pero al adaptarte a los intentos de tu sociedad de obligarte a encajar en ella, y tratar de evitarte problemas, has renunciado sin pretenderlo a tu fundamento básico: tu libertad total y absoluta de crear.

Con todo, no has renunciado fácilmente a esa libertad y, de hecho, jamás renunciarás a ella por completo, pues constituye el elemento básico de tu ser. Pero en tu intento de renunciar a él para no complicarte la vida, y en tu impotente y en tu resignada actitud de que no tienes más remedio que renunciar a tu poderoso derecho de elegir, has obrado contra tu propia naturaleza e incluso contra tu alma.

Sólo tú puedes crear tu experiencia

Este libro trata de tu realineación con la Fuente de Energía. Trata de hacerte tomar de nuevo conciencia de la claridad, la bondad y el poder que constituyen tu ser. Escribimos este libro para ayudarte a recordar que *eres* libre, que siempre lo *has sido* y que siempre lo *serás* para tomar tus propias decisiones. No debes permitir que otros traten de crear tu realidad. De hecho, es *imposible* que otros creen tu realidad.

Cuando hayas logrado realinearte con las fuerzas eternas, las Leyes Universales, y con lo que constituye la Fuente de lo que eres, te aguarda una gozosa labor de creación imposible de describir con palabras físicas, pues serás el creador de tu propia experiencia y el hecho de guiar intencionadamente tu vida te procurará una profunda satisfacción.

Sois Seres eternos con forma física

Sois Seres eternos que habéis decidido participar en esta experiencia vital física por numerosas y maravillosas razones. Y esta realidad tiempo-espacio en el planeta Tierra os sirve de plataforma desde la que enfocar vuestra perspectiva con el propósito de llevar a cabo vuestra creación.

Sois la Conciencia eterna, encarnados hoy en vuestros maravillosos cuerpos para gozar intensamente de vuestro propósito de crear. El ser físico que definís como «Tú» se halla en Primera Línea del pensamiento, mientras que la Conciencia, que es vuestra Fuente, fluye a través de vosotros. En ocasiones, durante los momentos de incontenible euforia, os mostráis totalmente receptivos y dejáis que vuestra Fuente se exprese a través de vosotros.

En ocasiones permitís que la auténtica naturaleza de vuestro Ser fluya a través de vosotros y otras lo impedís. Escribimos este libro para ayudaros a comprender que tenéis la facultad de permitir que vuestra auténtica naturaleza fluya a través de vosotros, y cuando aprendáis a conectaros total y *conscientemente* con el Tú que es vuestra Fuente, experimentaréis un gozo indescriptible. Al elegir de manera consciente la dirección de vuestros pensamientos, permaneceréis en constante conexión con la Fuente de Energía, con Dios, con la alegría y con todo lo que consideréis beneficioso.

La base de vuestra vida es el Bienestar total

El Bienestar es la base de este Universo. El Bienestar es la base de Todo Cuanto Existe. Fluye hacia y a través de vosotros. Sólo debéis permitir que lo haga. Al igual que el aire que respiráis, sólo tenéis que mostraros receptivos, relajaros y dejar que fluya a través de vuestro Ser.

En este libro os enseñaremos a permitir conscientemente *que se produzca la conexión natural con la Corriente de Bienestar.* Os enseñaremos a recordar quiénes sois para que podáis llevar a cabo la creación de vuestra experiencia vital como pretendíais hacer antes de encarnaros en este cuerpo físico, y en esta magnífica experiencia decisiva, en la que os propusisteis expresar vuestra libertad a través de múltiples formas gozosas y cocreativas.

¿Os dais cuenta de la cantidad de Bienestar que fluye hacia vo-

sotros? ¿Comprendéis hasta qué punto depende de vosotros la or-
questación de vuestras circunstancias vitales? ¿Comprendéis lo mucho que os adoran? ¿Comprendéis que la creación de este planeta,
la creación de este Universo, tiene como propósito contribuir a la
perfección de vuestra experiencia?

¿Comprendéis que sois seres amados, bendecidos y adorados,
que formáis parte integrante de este proceso creativo? Nuestro deseo es que lo comprendáis. Deseamos que comprendáis la bendita
naturaleza de vuestro Ser, y que busquéis pruebas que os lo confir-
men, porque os lo mostramos siempre que sois capaces de verlo: en
la alineación de unos amantes, de dinero, de experiencias gozosas e
infinidad de cosas maravillosas que existen; en la alineación de circunstancias y acontecimientos, y en la alineación de asombrosas experiencias cocreativas, en las que os encontráis unos con otros con
el único e importante motivo de deleitaros, satisfacer vuestros deseos y gozar de ese momento.

Vuestro avance es imparable, debe serlo forzosamente. No podéis sino avanzar. Pero no estáis aquí con el único propósito de
avanzar, también para experimentar una alegría desbordante. Por
eso estáis aquí.

4

¿Cómo puedo llegar allí desde aquí?

La pregunta que nos plantean con más frecuencia nuestros amigos físicos es: *¿Por qué me lleva tanto tiempo conseguir lo que deseo?*

No es porque no lo desees con la suficiente intensidad.
No es porque no seas lo suficientemente inteligente.
No es porque no poseas los suficientes méritos personales.
No es porque el destino esté en tu contra.
No es porque otra persona se haya llevado tu recompensa.

El motivo de que no hayas conseguido lo que deseas es porque te mantienes en un patrón vibratorio que no coincide con la vibración de tus deseos. ¡Ése es el único motivo, no hay otro! Ten presente que si te paras a pensar en ello o, lo que es más importante, te paras a *sentirlo*, conseguirás identificar la discordancia que hay en tu interior.

Así pues, lo único que debes hacer es liberar, suave y progresivamente, poco a poco, tus pensamientos resistentes, que son los únicos factores negativos. El alivio que experimentarás será el indicador de que estás liberando tu resistencia, al igual que la sensación de creciente tensión, ira, frustración y otras emociones negativas indican que has incrementado tu resistencia.

El Bienestar está al alcance de tu mano

Deseamos recordarte la premisa básica que debes tener en cuenta para que todo esto tenga sentido para ti: el Bienestar fluye; el Bienestar desea que lo aceptes; el Bienestar está al alcance de tu mano. Todo cuanto has deseado, al margen de que lo hayas manifestado o no, lo has transmitido mediante unas vibraciones que la Fuente ha captado, comprendido y atendido, y a partir de ahora *sentirás* que lo recibes, un sentimiento tras otro.

Eres una extensión física de la Fuente de Energía

Eres una extensión de la Fuente de Energía. Te hallas en Primera Línea del pensamiento.

Tu realidad tiempo-espacio se puso en marcha a través del poder del pensamiento mucho antes de que se manifestara en la forma física en que la contemplas ahora. *Todo cuanto contiene tu medio físico fue creado a partir de una perspectiva No Física por lo que vosotros denomináis Fuente. Y al igual que la Fuente creó tu mundo, y a ti, mediante el poder del pensamiento concentrado, tú sigues creando tu mundo desde tu perspectiva de Primera Línea en esta realidad tiempo-espacio.*

> Tú y lo que llamas Fuente sois lo mismo.
> No puedes separarte de la Fuente.
> La Fuente jamás se separa de ti.
> Cuando pensamos en ti, pensamos en la Fuente.
> Cuando pensamos en la Fuente, pensamos en ti.
> La Fuente nunca ofrece un pensamiento que provoque una separación de ti.

No puedes ofrecer un pensamiento que provoque una separación total (la palabra *separación* quizá sea demasiado fuerte), pero puedes ofrecer pensamientos que posean una naturaleza vibratoria tan distinta que impida tu conexión natural con la Fuente. Es lo que nosotros llamamos *resistencia*.

Tú mismo ofreces, desde tu perspectiva física, la única forma de resistencia, u obstáculo, que entorpece tu conexión con la Fuente. La Fuente está siempre a tu alcance, siempre puedes acceder al Bienestar. Muchas veces te hallas en un estado que permite que alcances ese Bienestar, pero otras no. *Nosotros deseamos ayudarte a que permitas <u>conscientemente</u>, y con más frecuencia, esa conexión con la Fuente.*

En tanto que una extensión de la Energía No Física, puedes llevar el pensamiento más lejos que nunca, y a través del contraste, llegar a conclusiones o decisiones. Y cuando logres alinearte con tu deseo físico, la Energía No Física que crea mundos fluirá a través de ti, lo cual se traducirá en entusiasmo, pasión y triunfo. Ése es tu destino.

Tú te creaste a ti mismo desde lo No Físico; y sigues creando desde lo físico. Todos debemos tener objetos de atención, deseos que alcanzar, a fin de sentir cómo la plenitud de quienes somos fluye a través de nosotros para que permanezca Todo Cuanto Existe. Ese deseo es lo que confiere carácter eterno a la eternidad.

El valor evolutivo de tus preferencias personales

No subestimes el valor de tus preferencias, pues la evolución de tu planeta depende de que quienes os halláis en Primera Línea del pensamiento permanezcáis sintonizados con vuestros deseos. Y el contraste, o variedad, en el que te encuentras procura el medio ideal para la formación de tus preferencias personales. Cuando estás rodeado de contraste, irradias constantemente señales vibratorias que son recibidas y atendidas por la Fuente, y en ese momento el Universo se expande.

Este libro no trata sobre el Universo que se expande, ni sobre el hecho de que la Fuente responda a todos tus deseos, ni sobre tus méritos personales, pues todo esto se da por supuesto. Este libro pretende enseñarte a que te sitúes en un lugar vibratorio que te permita recibir todo cuanto anhelas.

La ciencia de la Creación Deliberada

Deseamos ayudarte en la Creación Deliberada de las cosas que tu entorno te ha inspirado, porque queremos que experimentes la satisfacción de crear con gozo, y de manera *consciente*, tu propia realidad. Tú creas tu propia realidad. Nadie más puede hacerlo. Y creas tu propia realidad aunque no seas consciente de ello. Por ese motivo, con frecuencia creas por defecto. *Cuando eres consciente de tus pensamientos, y los ofreces conscientemente, te conviertes en el creador <u>deliberado</u> de tu realidad*, y eso fue lo que propusiste hacer cuando decidiste encarnarte en este cuerpo.

Tus deseos y creencias no son más que pensamientos: «Pide y se te concederá». Pides a través de tu atención, de tus anhelos, de tus deseos (tanto si deseas que ocurra como si deseas que no ocurra, estás pidiendo). No es preciso que utilices palabras. Basta con que lo sientas en tu ser: «Deseo esto. Adoro esto. Aprecio esto», y así sucesivamente. Ese deseo es el comienzo de toda atracción.

Nunca te cansas de la expansión o la creación, pues fluyen incesantemente nuevas ideas y deseos. Con cada nueva idea de algo que deseas experimentar, poseer o conocer, se produce su materialización o manifestación, y esa manifestación genera una nueva perspectiva a partir de la cual continúas deseando. El contraste, la variedad, es ilimitado, de forma que la aparición de nuevos deseos es incesante, y puesto que nunca cesas de «pedir», las «respuestas» nunca cesan de fluir. Así, siempre dispones de nuevas perspectivas. Ante ti se abren eternamente nuevos contrastes y nuevos y estimulantes deseos y perspectivas.

Cuando asimiles la idea de que nunca dejarás de ser, de que nuevos deseos nacerán constantemente en ti, de que la Fuente jamás dejará de responder a tus deseos, y que por tanto tu expansión es eterna, empezarás a relajarte siempre y cuando exista, en ese momento, algo que desees que todavía no se haya materializado.

Deseamos que te sientas satisfecho de lo que eres y lo que posees, aunque sin dejar de anhelar otras experiencias. Ésta es la perspectiva creativa óptima: Esperar lo que fluya hacia ti con confianza, ilusión, optimismo, sin que la sensación de irritación, recelo o desprecio de ti mismo te impida recibirlo. En esto consiste la Ciencia de la Creación Deliberada.

5

Este conocimiento básico
hace que todo encaje

Existe una corriente que fluye a través de todo. Fluye a través del Universo y a través de Todo Cuanto Existe. Constituye la base del Universo, la base de tu mundo físico. Algunos seres humanos son conscientes de esta Energía, pero la mayoría, no. Sin embargo, todos se ven afectados por ella.

Cuando empieces a comprender la base de tu mundo, y empieces a buscar o, mejor aún, *a sentir* que eres consciente de esta Fuente de Energía que es la base de todo, comprenderás todo lo referente a tu experiencia. Y comprenderás también con más claridad la experiencia de quienes te rodean.

Una fórmula consistente
que ofrece resultados consistentes

Al igual que el hecho de comprender la base de las matemáticas te permite comprender los resultados de sus aplicaciones, a partir de ahora dispondrás de una fórmula para comprender tu mundo que será siempre consistente, y que te ofrecerá resultados consistentes, hasta el punto de que podrás predecir tus futuras experiencias con total precisión y comprender tus experiencias anteriores con una percepción que antes no poseías.

No volverás a sentirte una víctima, en el pasado ni en el futuro, cohibido ante la perspectiva de que acontecimientos no deseados irrumpan en tu experiencia vital. Por fin comprenderás que posees un control creativo sobre tu experiencia vital. Y a partir de ahí podrás centrar tu atención en tu poder creativo y experimentar la dicha de observar cómo convergen toda suerte de elementos para ayudarte a crear tus deseos específicos. Todo el mundo posee este potencial, y algunos lo llevan a la práctica.

Será una experiencia muy gratificante identificar tus deseos personales, fruto de las diversas experiencias vitales que vivas, y saber que cada uno de esos deseos puede realizarse. Desde esa convicción, desde ese conocimiento básico y consistente, conseguirás reducir el tiempo que media entre la aparición de tu idea del deseo y su manifestación plena y absoluta.

Comprenderás que todo cuanto desees puede fluir fácil y rápidamente hacia tu experiencia.

Eres un Ser Vibratorio en un entorno vibratorio

Lo *sientes* cuando facilitas o no tu total conexión con la Fuente de Energía. Dicho de otro modo, cuanto mejor te sientes, más facilitas esa conexión; cuanto peor te sientes, más entorpeces esa conexión. Sentirte bien equivale a facilitar la conexión; sentirte mal equivale a entorpecerla. Sentirte mal equivale a resistirte a la conexión con tu Fuente.

Tú eres, incluso en tu expresión física de carne, sangre y huesos, un «Ser Vibratorio» y todo lo que experimentas en tu medio físico es vibratorio. Sólo puedes llegar a comprender tu mundo físico a través de tu capacidad de traducir esas vibraciones. Es decir, a través de tus ojos traduces las vibraciones en lo que ves; a través de tus oídos traduces las vibraciones en los sonidos que percibes; incluso tu nariz, tu lengua y las yemas de tus dedos traducen las vibraciones en olores, sabores y texturas que te ayudan a comprender tu mundo. Pero tus intérpretes vibratorios más sofisticados son tus emociones.

Tus emociones como intérpretes de las vibraciones

Si prestas atención a los signos de tus emociones lograrás comprender, con absoluta precisión, todo lo que estás viviendo en estos momentos o has vivido anteriormente. Y, con una precisión y una facilidad que jamás has experimentado, podrás utilizar este insólito conocimiento de tus emociones para orquestar una experiencia futura que te complazca en todos los aspectos.

Si prestas atención a cómo te sientes, podrás llevar a cabo el motivo por el que estás aquí, y continuar tu anhelada expansión con el gozo con que ansiabas hacerlo. Al comprender tu conexión emocional con quien eres, llegarás a comprender no sólo lo que ocurre en tu mundo y por qué, sino que comprenderás a todos los Seres con los que interactúas. Jamás volverás a tener preguntas sin respuestas sobre tu mundo. Comprenderás, desde un nivel muy profundo, desde tu amplia perspectiva No Física y a través de tu experiencia física, todo lo referente a quién eres, quién has sido y en quién te estás convirtiendo.

6

La *Ley de Atracción*, la ley más poderosa del Universo

Todo pensamiento vibra, todo pensamiento irradia una señal y todo pensamiento atrae una señal que se corresponde con él. Este proceso se denomina la *Ley de Atracción*.

La *Ley de Atracción* dice: «Todo lo que se asemeja se atrae». Por tanto podemos afirmar que la poderosa *Ley de Atracción* es un Gerente Universal que se afana en reunir todos los pensamientos que concuerdan.

Para comprender este principio basta con que enciendas la radio y sintonices deliberadamente tu receptor para que capte la correspondiente señal de una antena emisora. No puedes oír la música emitida por la frecuencia de radio 101 FM si sintonizas en tu receptor la frecuencia 98.6 FM. Entiendes que la frecuencia vibratoria debe coincidir, y la *Ley de Atracción* lo confirma.

Así pues, cuando tu experiencia te haga lanzar cohetes vibratorios de deseos, debes hallar el medio de mantenerte constantemente en una armonía vibratoria con esos deseos a fin de captar su manifestación.

¿A qué prestas atención?

Aquello a lo que prestas atención hace que emitas una vibración, y las vibraciones que ofreces equivalen a lo que pides, lo cual equivale a tu punto de atracción.

Si en estos momentos deseas algo que no posees, sólo tienes que centrar tu atención en ello y, en virtud de la *Ley de Atracción,* lo obtendrás, porque cuando piensas en ese objeto o experimentas lo que deseas, emites una vibración, y según esa *Ley de Atracción,* obtendrás ese objeto o esa experiencia que deseas.

Ahora bien, si deseas algo que en estos momentos no tienes y centras tu atención en el hecho de que *no* lo tienes, la *Ley de Atracción* seguirá respondiendo a la vibración de que *no lo tienes,* de forma que seguirás *sin obtener lo que deseas.* Así funciona esta ley.

¿Cómo puedo saber qué atraigo?

La clave para atraer algo que deseas hacia tu experiencia consiste en alcanzar una *armonía* vibratoria con lo que deseas. La forma más sencilla de alcanzar esa armonía vibratoria es imaginar que ya tienes lo que deseas, fingir que ya forma parte de tu experiencia, hacer que tus pensamientos se deleiten con la experiencia, y a medida que practiques esos pensamientos y empieces a ofrecer sistemáticamente esas vibraciones, facilitarás que lo que deseas pase a formar parte de tu experiencia.

Ahora bien, si prestas atención a lo que *sientes,* te será fácil averiguar si diriges tu atención a tu deseo o a la *ausencia* de él. Cuando tus pensamientos coinciden a nivel vibratorio con tu deseo te sientes bien, la gama de tus emociones pasa de la satisfacción a la expectativa, al anhelo, a la alegría. Pero si prestas atención a la falta, o la ausencia, de lo deseado, tu gama de emociones pasa del sentimiento de pesimismo a la preocupación, al desánimo, a la ira, a la inseguridad y a la depresión.

Así pues, en la medida en que seas *consciente* de tus emociones, siempre sabrás si *facilitas* esa parte de tu *Proceso Creativo,* y no volverás a interpretar erróneamente el motivo por el que no consigues lo que anhelas. Tus emociones constituyen un maravilloso sistema de guía, y si les prestas atención podrás orientarte hacia lo que deseas.

Te guste o no, obtienes aquello en lo que piensas

Según la poderosa Ley de Atracción, atraes hacia ti la esencia de lo que ocupa predominantemente tu pensamiento. De modo que si piensas sobre todo en las cosas que deseas, tu experiencia vital reflejará esas cosas. Por el contrario, si piensas ante todo en lo que no deseas, tu experiencia vital reflejará esas cosas.

Pienses lo que pienses, es como planificar un acontecimiento futuro. Cuando valoras algo, lo planificas. Cuando algo te preocupa, lo planificas. (Preocuparse es utilizar tu imaginación para crear algo que no deseas.) Cada pensamiento, cada idea, cada Ser, cada objeto... todo es vibratorio, de forma que cuando centras tu atención en algo, siquiera durante un breve espacio de tiempo, la vibración de tu Ser comienza a reflejar la vibración de aquello a lo que prestas atención. Cuanto más piensas en ello, más vibras como ello; cuando más vibras como ello, más atraes a aquello que se corresponde con tu vibración. Esa tendencia en materia de atracción aumenta hasta que ofreces una vibración distinta. Y cuando ofreces una vibración distinta, las cosas que coinciden con esa vibración son atraídas hacia ti, por ti.

Cuando comprendes la *Ley de Atracción* deja de sorprenderte lo que ocurre en tu experiencia, pues entiendes que eres tú quien lo ha propiciado, a través del proceso de tu pensamiento. *No puede ocurrir nada en tu experiencia vital que tú no hayas propiciado a través de tu pensamiento.*

Puesto que no existen excepciones a la poderosa *Ley de Atracción*, resulta sencillo comprenderla. Y cuando comprendas que consigues aquello en lo que piensas y, lo que no es menos importante, cuando seas consciente de lo que piensas, podrás ejercer un control absoluto sobre tu propia experiencia.

¿Son muy grandes tus diferencias vibratorias?

Te pondré unos ejemplos. Existe una gran diferencia vibratoria entre tus pensamientos de *apreciación* hacia tu pareja y tus pensamientos de lo que te gustaría que fuera *distinto* en tu pareja. La relación con tu pareja, sin excepción, refleja la preponderancia de tus pensamientos. Porque, aunque quizá no seas consciente de ello, al pensar en tu relación haces literalmente que ésta cobre vida.

Tu deseo de mejorar tu situación económica no puede cumplirse si envidias la buena fortuna de tu vecino, porque la vibración de tu deseo y la vibración de tu sentimiento de envidia son distintas.

Comprender tu naturaleza vibratoria te ayudará a crear tu propia realidad de forma sencilla y deliberada. Luego, con el tiempo y la práctica, comprobarás que todo lo que deseas puede realizarse fácilmente, pues no hay nada que no puedas ser, hacer o tener.

Eres el invocador de tu Energía Vibratoria

Eres Conciencia.
Eres Energía.
Eres Vibración.
Eres Electricidad.
Eres Fuente de Energía.
Eres Creador.
Te hallas en Primera Línea del pensamiento.

Eres el más activo y específico usuario e invocador de la energía que crea mundos que existe en todo este Universo, que evoluciona sin cesar y deviene eternamente el Universo.

Eres un genio creativo que se expresa en Primera Línea de esta realidad tiempo-espacio con el propósito de llevar el pensamiento más allá de donde haya estado antes.

Por extraño que parezca al principio, conviene que empieces a aceptarte como un Ser Vibratorio, pues vives en un Universo Vibratorio y las leyes que rigen este Universo se basan en las vibraciones.

Cuando alcances conscientemente la armonía con las leyes universales y comprendas por qué las cosas responden de la forma en que lo hacen, la claridad y la comprensión ocuparán el lugar del misterio y la confusión. El conocimiento y la confianza sustituirán la duda y temor, la incertidumbre cederá ante la certidumbre, y la alegría se convertirá de nuevo en la premisa básica de tu experiencia.

Cuando tus deseos y tus creencias vibran al unísono

«Lo semejante se atrae», de modo que para obtener lo que deseas la vibración de tu Ser debe corresponderse con la vibración de tu deseo. No puedes desear algo, centrarte ante todo en su ausencia y confiar en obtenerlo, porque la frecuencia vibratoria de su ausencia y la frecuencia vibratoria de su presencia son muy distintas. Dicho de otro modo: *para obtener lo que anhelas, tus deseos y tus creencias deben vibrar al unísono*.

Te propondré un ejemplo más general: Vives aquí experiencias que hacen que, en tu perspectiva divinamente específica, identifiques, de manera consciente o inconsciente, tus preferencias personales. Ahora bien, cuando esto ocurre, la Fuente, que te oye y te adora, responde de inmediato a tu petición vibratoria, electrónica, tanto si eres capaz de expresarlo conscientemente con expresiones verbales como si no.

De modo que pidas lo que pidas —tanto si lo pides a través de tus palabras o de una sutil señal de tu deseo—, tu petición siempre es escuchada y atendida, sin excepción. Cuando pides, siempre se te concede.

Todo Cuanto Existe... se beneficia de tu existencia

Debido a que vives tu experiencia específica, que hace que se formule en ti un deseo específico, y debido a que la Fuente te escucha y atiende tu petición, el Universo, en el que nos hallamos todos, se expande. ¡Algo maravilloso!

Tu actual realidad tiempo-espacio, tu actual cultura, tu actual forma de ver las cosas —todo lo que compone tu perspectiva— ha evolucionado a lo largo de un sinfín de generaciones. De hecho, sería imposible seguir el rastro de todos los deseos, las conclusiones y las perspectivas que son fruto de tu singular punto de vista aquí y ahora. Pero lo que deseamos fervientemente que sepas es que al margen de lo que haya generado tu singular punto de vista, el caso es que lo ha generado. Tú existes; piensas, percibes y pides, y tus peticiones son atendidas. Y Todo Cuanto Existe se beneficia de tu existencia y de tu punto de vista.

De modo que tu importancia no admite duda, al menos para nosotros. Comprendemos perfectamente tu inmenso valor. Tu valía personal no está en tela de juicio, al menos por lo que respecta a nosotros. Sabemos que mereces que la Energía que crea mundos atienda todos tus deseos, y sabemos que lo hace, pero muchos de vosotros, por diversas razones, no permitís que lo que habéis pedido fluya hacia vosotros.

Redescubre el arte de permitir que tu Bienestar natural fluya hacia ti

Deseamos que redescubras tu capacidad innata de *permitir* que el Bienestar de este Universo fluya constante y libremente hacia tu experiencia, una disciplina que nosotros denominamos el *Arte de Permitir*. Consiste en permitir que el Bienestar —que constituye cada partícula de lo que eres y de dónde procedes— fluya a través de ti mientras sigas existiendo. El *Arte de Permitir* es el arte de dejar de resistirte al Bienestar que mereces, al Bienestar que es natural, al Bienestar que es tu legado, tu fuente, tu Ser.

No es necesaria ninguna preparación previa para comprender lo que te proponemos aquí. Escribimos este libro para que empieces a gozar de su utilidad desde donde te encuentres en este momento. Estás preparado para recibir esta información, ahora mismo, y esta información está preparada para ti.

7

Te hallas en Primera Línea del pensamiento

Nosotros solemos referirnos al lugar donde te hallas como la *Primera Línea del pensamiento*, porque ahí, en tu cuerpo físico, en tu medio físico, mientras vives tu experiencia física, constituyes la extensión más alejada de lo que somos nosotros.

Todo lo que ha ocurrido antes ha culminado en lo que eres ahora. Y al igual que toda tu experiencia, desde el momento de tu nacimiento en tu cuerpo físico hasta ahora, ha culminado en lo que eres ahora, *todo cuanto ha sido experimentado por Todo Cuanto Existe ha culminado en todo lo que ahora es experimentado en la experiencia vital física del planeta Tierra.*

Puesto que toda persona en vuestro planeta tiene experiencias que hacen que sus deseos cobren vida, se está produciendo una especie de invocación colectiva, la cual equivale literalmente a la evolución de vuestro planeta. Así, cuanto más interactuáis, más preferencias personales se emiten y se identifican..., y cuantas más preferencias personales se emiten, más son atendidas. Por consiguiente, ante ti fluye una potente Corriente de la Fuente de Energía desde la cual son recibidas tus preferencias personales e individuales. Es decir, puesto que tantos han vivido y viven, y debido al poder de invocación de tantos de *sus* deseos, el Bienestar de tu futura experiencia está bien asegurada. Asimismo, *tus* deseos actuales generarán, al cabo del tiempo, una Corriente de Energía de la que se beneficiarán las generaciones venideras.

Si puedes desearlo, el Universo puede producirlo

Si tu implicación en tu realidad tiempo-espacio te inspira un since-
ro deseo, el Universo posee los medios de producir el resultado que
solicitas. Como quiera que tu capacidad de pedir más se expande
con cada logro producido anteriormente, tal vez esta expansión parezca asombrosa a quienes acaban de comprender su poder, pero
normal a quienes hace tiempo que la han comprendido y esperan
que el Bienestar fluya de manera constante a través de su experiencia. La Corriente de Bienestar fluye aunque tú no te percates de ello,
pero cuando te alineas de manera con ese flujo, tus esfuerzos creativos resultan infinitamente más satisfactorios, porque descubres
que no existe nada que desees que no puedas alcanzar.

Aunque no lo comprendas, funciona

No es preciso que comprendas todas las complejidades de este medio que se expande continuamente para cosechar los beneficios de
aquello en lo que se ha convertido, pero es necesario que halles la
forma de alinearte con la Corriente de Bienestar que se extiende
ante ti. Por tanto, en ese esfuerzo, te ofrecemos estas palabras: *Sólo
existe una Corriente de Bienestar. Puedes aceptarla o resistirte a ella,
pero seguirá fluyendo.*

Nadie entraría en una habitación brillantemente iluminada
buscando el «interruptor de la oscuridad». Dicho de otro modo, no
esperaría encontrar un interruptor que inundara la habitación con
una gélida oscuridad para ocultar el resplandor de la luz, sino que
buscaría un interruptor que opusiera resistencia a la luz, pues en la
ausencia de luz se produce oscuridad. Asimismo, no existe una
Fuente del «mal», pero puede existir una resistencia a lo que tú consideras el Bien, al igual que no existe una Fuente de enfermedades,
pero puede existir una resistencia al Bienestar natural.

Si no preguntas, no obtendrás respuesta

A veces las personas felicitan a Esther por su capacidad de recibir los conocimientos de Abraham y traducirlos en palabras escritas o habladas para que otros las experimenten y se beneficien de ellas, y nosotros deseamos añadir también nuestra felicitación. Pero al mismo tiempo deseamos aclarar que el hecho de que Esther reciba y traduzca nuestras vibraciones es sólo una parte de la ecuación. Sin las preguntas que las preceden, no existirían respuestas.

Las personas de vuestra época os beneficiáis extraordinariamente de las experiencias de las generaciones que os precedieron, pues el proceso de invocar a la Fuente se produjo a través de las experiencias que vivieron y los deseos que éstas generaron. Hoy en día sois vosotros quienes os halláis en Primera Línea para cosechar los beneficios de lo que las generaciones anteriores pidieron. Al mismo tiempo, seguís pidiendo e invocando a la Fuente... y así sucesivamente. De lo que se deduce que si halláis la forma de permitirlo, se producirá un torrente de Bienestar que estará al alcance de vuestra mano y os ofrecerá ingentes beneficios siempre y cuando estéis alineados con él. (Ahora quizá comprendas que, puesto que no suele congregarse una multitud en Primera Línea, no puedes hablar de esto con muchas personas.)

Hoy en día algunas personas experimentan intensas desgracias y traumas y debido a cómo viven en estos momentos sus peticiones ocupan un lugar intenso y preponderante. Y debido a la intensidad de sus peticiones, la Fuente responde también con intensidad. Y aunque por lo general la persona que formula las peticiones está tan inmersa en su trauma que no recibe personalmente los beneficios de lo que pide, las generaciones venideras —e incluso las generaciones presentes que en estos momentos no los rechacen— recibirán los beneficios de esas peticiones.

Te ofrecemos este consejo para ayudarte a comprender: *Existe una Corriente ilimitada de Bienestar y una abundancia de toda suerte de cosas que están en todo momento al alcance de tu mano, pero debes alinearte con ellas para recibirlas. No puedes resistirte a ellas y al mismo tiempo recibirlas.*

Abre las compuertas y deja que penetre tu Corriente de Bienestar

Trata de verte a ti mismo, en estos momentos, como el beneficiario de la poderosa Corriente de Bienestar. Trata de imaginar que te deleitas en el flujo de esta poderosa corriente. Trata de sentir que eres el beneficiario idóneo de este flujo ilimitado, sonríe y trata de aceptar que eres digno de él.

Tu capacidad de creerte digno de esta poderosa Corriente de Bienestar depende invariablemente de lo que sucede en estos momentos en tu vida. En ciertas circunstancias te sientes bendecido, en otras menos. Nosotros deseamos que, al leer este libro, comprendas que la medida en que te sientes bendecido y confías en recibir cosas buenas indica el grado de tu disposición de «permitir»; y la medida en que no te sientes bendecido y no esperas que te ocurran cosas buenas, indica el grado de tu resistencia. Nuestro deseo es que, mientras sigas leyendo, te sientas capaz de despojarte de cualquier hábito o pensamiento que te lleve a rechazar la Corriente de Bienestar.

Queremos que comprendas que de no ser por los pensamientos de resistencia que has adquirido a lo largo de tu trayectoria física, que no forman una armonía vibratoria con la Corriente de Bienestar, en estos momentos recibirías todos los beneficios de esa Corriente, pues eres una extensión de ella.

Sólo depende de ti (y de cómo te sientas) el que aceptes o rechaces tu legado de Bienestar. Aunque las personas que te rodean pueden influir más o menos en ti, el hecho de permitir o impedir que ese Bienestar fluya a través de ti depende en última instancia de ti. Puedes abrir las compuertas y dejar que penetre la Corriente de tu Bienestar o puedes optar por pensamientos que te impidan recibir lo que te pertenece por derecho propio. Pero al margen de que lo permitas o te resistas, esa corriente fluye constantemente hacia ti, infalible, incansable, siempre dispuesta a que la recibas.

Estás en el punto ideal para llegar allí desde aquí

Nada tiene que cambiar en tu medio o en las circunstancias que te rodean para que empieces a permitir deliberadamente tu conexión con la Corriente de Bienestar. Aunque te encuentres en prisión, te hayan diagnosticado una enfermedad terminal, estés a punto de arruinarte o en medio de un divorcio, estás en el punto ideal para comenzar ahora mismo. Deseamos también que comprendas que esto no requiere mucho tiempo, tan sólo un conocimiento básico de las leyes del Universo y la determinación de seguir avanzando hacia un estado de «permitir».

Cuando conduces un vehículo de un lugar a otro eres consciente de tu punto de partida y del de destino. Entiendes que no puedes llegar allí al instante; que debes recorrer esa distancia y que, al cabo de un tiempo, llegarás. Y por más que estés impaciente por llegar, y quizá cansado del viaje, no te desanimas hasta el punto de dar media vuelta a mitad del trayecto y regresar al punto de partida. No avanzas y retrocedes reiteradamente desde el punto de partida hasta la mitad del trayecto hasta quedar agotado por el interminable viaje.

No confiesas tu incapacidad de llevar a cabo tu viaje. Aceptas la distancia que media entre tu punto de partida y el lugar que deseas alcanzar, y sigues avanzando hacia tu destino. Entiendes lo que debes hacer. Pues bien, nosotros queremos que sepas que el trayecto entre donde te encuentras y donde deseas estar —en todos los aspectos— es tan fácilmente comprensible como el ejemplo que te proponemos.

8

Eres un transmisor
y un receptor de vibraciones

Ahora estás preparado para comprender la parte más esencial de controlar, crear y gozar de tu experiencia vital física.

Incluso más que el ser material que conoces como tú mismo, eres un *Ser Vibratorio*. Cuando alguien te mira, te ve con sus ojos y te oye con sus oídos, pero te presentas ante él y ante el Universo con mucha más presencia de la que puede verse u oírse: *Eres un transmisor de vibraciones y transmites tu señal en cada momento de tu existencia.*

En tanto estés encarnado en este cuerpo físico y en tanto estés despierto, proyectas constantemente una señal muy específica y fácil de identificar que es recibida, comprendida y atendida al instante. De inmediato, tus circunstancias presentes y futuras comienzan a cambiar en respuesta a la señal que ofreces en *este momento*. Por consiguiente, la señal que ofreces incide, en este momento, en todo el Universo.

Eres una personalidad eterna, centrada en el presente

Tu mundo, presente y futuro, se ve afectado directa y específicamente por la señal que transmites en este momento. La personalidad que Tú eres es una personalidad eterna, pero lo que eres en este momento y lo que piensas en este momento genera un foco de Energía muy potente.

Esta Energía que generas es la misma que crea mundos. Y en este momento tú creas tu mundo.

Posees un sistema de guía innato, fácilmente comprensible, dotado de unos indicadores que te ayudan a comprender la fuerza o potencia de tu señal, así como la orientación de tu concentración. Y, lo que es más importante, este sistema de guía te ayuda a comprender el grado de alineación del pensamiento que has elegido con la Corriente de Energía.

Tus sentimientos son los representantes de tu sistema de guía. Dicho de otro modo, lo que sientes te indica tu alineación con tu Fuente y tu alineación con tus intenciones, tanto con anterioridad a tu nacimiento como en la actualidad.

Tus poderosas creencias eran antes pensamientos amables

Todo pensamiento que ha sido pensado sigue existiendo, y cada vez que te centras en un pensamiento, activas en ti la vibración de ese pensamiento. Por consiguiente, el tema en el que te centras ahora es un pensamiento activo. Pero cuando desvías tu atención de un pensamiento, éste se convierte en un pensamiento latente, que ya no es activo. La única forma de desactivar conscientemente un pensamiento es activando otro. Es decir, la única forma de desviar conscientemente tu atención de un pensamiento es centrándote en otro.

Cuando prestas atención a algo, al principio la vibración no es muy potente, pero a medida que sigues pensando o hablando de ello, la vibración se hace más intensa. Por tanto, si prestas gran atención a un tema, éste se convierte en un pensamiento dominante. Mientras más atención prestas a un pensamiento y más te concentras en él, más practicas su vibración —el pensamiento se convierte en una parte más importante de tus vibraciones— y este pensamiento practicado se convierte en una *creencia*.

Cuanto más te centras en los pensamientos, más poderosos son

Puesto que la *Ley de Atracción* es lo que impulsa la expansión de tus pensamientos, es imposible que prestes atención a algo sin alinearte en cierta medida con ello. Así, cuantas más vueltas das a un pensamiento y te concentras a menudo en él, más poderosa es tu alineación vibratoria.

Cuando alcanzas una alineación más intensa con un pensamiento, comienzas a sentir unas emociones que indican el incremento o disminución de tu alineación con tu Fuente. Dicho de otro modo, a medida que centras tu atención más intensamente en un tema, tu lectura emocional de la armonía o disonancia con lo que eres se hace más potente. Si el objeto de tu atención está alineado con lo que sabe la Fuente de tu Ser, sientes la armonía de sus pensamientos en forma de sentimientos positivos. Pero si el objeto de tu atención no está alineado con lo que sabe la Fuente de tu Ser, sientes la disonancia de tus pensamientos en forma de sentimientos negativos.

Si le prestas atención lo invitas a entrar

Cada pensamiento en el que centras tu atención se expande y se convierte en una parte más importante de tu configuración vibratoria. Tanto si se trata de un pensamiento de algo que deseas o de algo que no deseas, tu atención le invita a formar parte de tu experiencia.

Puesto que éste es un Universo basado en la atracción, no existe la exclusión. Todo se basa en la inclusión. Así, cuando contemplas algo que desearías experimentar, te concentras en ello y gritas ¡sí!, lo incluyes en tu experiencia. Pero cuando contemplas algo que no deseas experimentar, te concentras en ello y gritas ¡no!, también lo incluyes en tu experiencia. No lo invitas a entrar con tu «sí» y lo excluyes con tu «no», porque en este Universo basado en la atracción no existe la exclusión. La invitación reside en el hecho de centrarte en ello. Lo invitas a entrar prestándole atención.

Por consiguiente, aquellos que son ante todo observadores prosperan en los momentos felices y sufren en los momentos críticos porque lo que observan ya está vibrando, y mientras lo observan, lo incluyen en su configuración vibratoria; y al incluirlo, el Universo lo acepta como su punto de atracción y les ofrece una mayor porción de su esencia. Así, para un observador, cuanto mejor le vaya, mejor le irá; y cuanto peor le vaya, peor le irá. Ahora bien, el que es un visionario prospera en todo momento.

Cuando prestas atención a un tema, la Ley de Atracción te proporciona circunstancias, condiciones, experiencias, personas y toda suerte de elementos que se corresponden con la vibración que practicas habitualmente. Y a medida que comienzan a manifestarse a tu alrededor cosas que coinciden con los pensamientos en los que te has centrado, desarrollas unos hábitos vibratorios, o tendencias, más poderosos. Así, ese pensamiento anteriormente pequeño e insignificante se convierte en una poderosa creencia, y tus poderosas creencias siempre juegan un importante papel en tu experiencia.

9

El valor oculto
detrás de tus reacciones emocionales

Tu vista es distinta de tu olfato, y tu olfato es distinto de tu tacto, pero aunque sean sentidos distintos, todos sirven para interpretar vibraciones. Dicho de otro modo, cuando te acercas a una estufa caliente, tu vista no te indica necesariamente que la estufa está caliente; el oído, el gusto o el olfato tampoco contribuyen a que reconozcas que una estufa está caliente. Pero cuando te acercas a la estufa con tu cuerpo, los sensores de tu piel te indican que la estufa está caliente.

Has nacido con unos traductores sensibles, complejos y sofisticados de vibraciones que te ayudan a comprender y definir tu experiencia. Y del mismo modo que utilizas tus cinco sentidos para interpretar tu experiencia vital física, has nacido con otros sensores —tus emociones— que son intérpretes vibratorios que te ayudan a comprender, de inmediato, las experiencias que vives.

Las emociones son indicadores de tu punto de atracción

Tus emociones indican en todo momento el contenido vibratorio de tu Ser. Así, cuando sientes conscientemente tus emociones, también puedes ser consciente de las vibraciones que ofreces. Y cuando combines tus conocimientos sobre la *Ley de Atracción* con esta conciencia instantánea de las vibraciones que ofreces, adquirirás un control total de tu poderoso punto de atracción. Con este conocimiento, podrás guiar tu experiencia vital como desees.

Tus emociones se refieren —simple, pura y exclusivamente— a la relación con tu Fuente. Y puesto que tus emociones te indican todo lo que deseas y necesitas saber sobre la relación con tu Fuente, nosotros solemos referirnos a tus emociones como tu *Guía Emocional*.

Cuando decidiste encarnarte en este cuerpo físico comprendías perfectamente tu conexión eterna con la Fuente de Energía, y sabías que tus emociones serían indicadores constantes que te marcarían, en todo momento, tu relación actual con la Fuente de Energía. Por consiguiente, como entendiste que siempre tendrías acceso a este potente sistema de guía, no experimentaste ninguna sensación de riesgo o confusión, sino sólo una sensación de aventura y euforia.

Las emociones son indicadores de tu alineación con tu Fuente de Energía

Tus emociones te indican tu grado de alineación con tu Fuente. Aunque nunca puedes llegar a una falta de alineación con tu Fuente que haga que te desconectes de ella por completo, los pensamientos a los que prestas atención te indican tu alineación o falta de alineación con la Energía No Física que eres. Así, con el tiempo y la práctica, llegarás a saber, en todo momento, tu grado de alineación con quien eres, pues prosperas cuando estás en total sintonía con la Energía de tu Fuente y no prosperas cuando no permites que se produzca esta alineación.

Eres un ser que gozas de poder personal; gozas de total libertad para crear, y cuando lo comprendes y te centras en cosas que forman una armonía vibratoria sientes una alegría indescriptible. Pero cuando te centras en pensamientos que contravienen esa verdad, sientes las emociones opuestas de falta de poder y esclavitud. Todas las emociones forman parte de esa gama, desde la alegría hasta la falta de poder.

Utiliza tus emociones para moldear tu Bienestar

Cuando te centras en un pensamiento que sintoniza con quien eres, sientes que la armonía fluye por todo tu cuerpo físico. La alegría, el amor y la sensación de libertad son ejemplos de esta alineación. Y cuando te centras en pensamientos que *no están* en sintonía con quien eres, sientes una discordancia en tu cuerpo físico. La depresión, el temor y el sentimiento de esclavitud son ejemplos de esta falta de alineación.

Del mismo modo que los escultores moldean la arcilla para crear una obra que les complace, tú creas moldeando la Energía. La moldeas mediante tu poder de concentración, de pensar, recordar e imaginar determinadas cosas. Concentras Energía cuando hablas, cuando escribes, cuando escuchas, cuando guardas silencio, cuando recuerdas y cuando imaginas; la concentras a través de la proyección de tus pensamientos.

Al igual que un escultor que con el tiempo y la práctica aprende a moldear la arcilla con precisión para crear lo que desea, *tú puedes aprender a moldear la Energía que crea mundos a través de tu concentración mental*. Y, al igual que el escultor moldea la arcilla para recrear su visión, tú puedes *utilizar* tus emociones para moldear tu Bienestar.

10

Tres pasos para alcanzar
lo que deseas ser, hacer o tener

El *Proceso Creativo* es muy sencillo desde un punto de vista conceptual. Consiste en tres pasos:

- Primer Paso (te corresponde a ti): Pides.

- Segundo Paso (no te corresponde a ti): Obtienes respuesta.

- Tercer Paso (te corresponde a ti): Debes recibir o aceptar (dejar que fluya hacia ti) la respuesta que se te ha dado.

Primer Paso: Pides

Puesto que habitas en un medio maravilloso y diverso, el **Primer Paso** se produce de forma fácil y automática, pues así es como se generan tus preferencias naturales. Todo —desde tus deseos sutiles e incluso inconscientes hasta tus deseos claros, precisos y vívidos— es consecuencia de las diversas experiencias que conforman tu día a día. Los deseos (o el hecho de *pedir*) son el resultado natural de hallarte en este medio repleto de una fantástica diversidad y de contrastes. Por consiguiente, el **Primer Paso** se produce de forma natural.

Segundo Paso: El Universo responde

El **Segundo Paso** es muy sencillo, pues no te corresponde a ti. El **Segundo Paso** le corresponde a lo No Físico, es obra de la Fuerza denominada DIOS. Todas las cosas que pides, grandes y pequeñas, son atendidas y ofrecidas de inmediato, sin excepción. Cada punto de Conciencia tiene el derecho y la facultad de pedir, y todos los puntos de Conciencia son respetados y atendidos de inmediato. Cuando pides, se te concede. Siempre.

A veces expresas lo que pides con palabras, pero por regla general emana de ti a través de vibraciones, un flujo constante de preferencias personales, cada una de las cuales da paso a la siguiente, y todas ellas son respetadas y atendidas.

Cada pregunta es respondida. Cada petición es concedida. Cada oración es respondida. Cada deseo es concedido. Pero el motivo de que muchos nieguen esa realidad, y que arguyan ejemplos de deseos insatisfechos correspondientes a su experiencia vital, se debe a que todavía no han comprendido y completado el **Tercer Paso**, cuya importancia es decisiva, porque si uno no completa este paso la existencia del **Primer** y **Segundo Paso** puede pasar inadvertida.

Tercer Paso: Permites que fluya hacia ti

El **Tercer Paso** consiste en la aplicación del *Arte de Permitir*. Es el motivo de que exista tu Guía Emocional. Es el paso en virtud del cual reajustas la frecuencia vibratoria de tu Ser para que coincida con la frecuencia vibratoria de tu deseo. Al igual que debes ajustar el dial de tu radio en la frecuencia de la emisora que deseas escuchar, la frecuencia vibratoria de tu Ser debe coincidir con la frecuencia de tu deseo. Es el *Arte de permitir* que fluya tu Bienestar natural, es decir, permitir que lo que pides fluya hacia ti. Si no estás en un estado receptivo, te parecerá que tus peticiones no han sido atendidas, aunque lo hayan sido; te parecerá que tus ruegos no han obtenido respuesta, y tus deseos no se cumplirán, no porque no hayan sido escuchados, sino porque tus vibraciones no coinciden con ellos, de modo que no permites que fluyan hacia ti.

Cada tema constituye dos temas: lo deseado y lo no deseado

Cada cuestión la forman dos cuestiones: lo que deseas y la ausencia de lo que deseas. *Con frecuencia —aunque creas que piensas en algo que deseas— en realidad estás pensando justamente en lo opuesto a lo que deseas.* Dicho de otro modo: «Deseo estar bien, no deseo estar enfermo»; «deseo gozar de seguridad económica, no deseo padecer penurias»; «deseo tener una relación perfecta; no deseo estar solo».

Lo que piensas y lo que recibes siempre coincide desde el punto de vista vibratorio, de modo que es muy útil realizar una correlación consciente entre lo que piensas y lo que se manifiesta en tu experiencia vital, pero resulta aún más útil discernir adónde te diriges antes de llegar allí. Cuando comprendas tus emociones y el importante mensaje que te transmiten, no tendrás que esperar a que algo se manifieste en tu experiencia para comprender qué clase de vibraciones has emitido, sino que lo que sientas te indicará exactamente hacia dónde te diriges.

Céntrate en lo que deseas, no en lo que deseas evitar

El *Proceso Creativo* se verifica al margen de que seas consciente de él. Debido a la variedad y contraste de tus experiencias nacen continuamente en ti nuevas preferencias, que aunque no te percates de ello, las transmites como si fueran peticiones. Y en el mismo momento en que transmites una preferencia, la Fuente de Energía recibe tu petición vibratoria y en virtud de la *Ley de Atracció*n te ofrece de inmediato respuesta, con la que debes alinearte en sentido vibratorio.

La razón por la que no siempre eres consciente de que tus deseos han obtenido respuesta es que a menudo se produce un desfase entre el momento en que formulas tu petición (**Primer Paso**) y el momento en que permites que la respuesta fluya hacia ti (**Tercer Paso**). *Aunque emane de ti un claro deseo como consecuencia del contraste que experimentas, con frecuencia en lugar de centrarte únicamente en el deseo en sí mismo, te centras en la situación contradictoria que genera ese deseo, de forma que tus vibraciones coinciden más con el motivo por el que has formulado tu deseo que con el propio deseo.*

Por ejemplo, tu coche está viejo y requiere frecuentes reparaciones... Cuando empiezas a notar que falla, deseas un coche nuevo. Y como ansías experimentar la sensación de seguridad que proporciona un coche nuevo, emana de ti un cohete vibratorio de deseo que la Fuente ha recibido y atendido de inmediato.

Pero como no eras consciente de la Ley de Atracción y el Proceso de Creación basado en tres pasos, esta nueva sensación de euforia es poco duradera. De modo que en lugar de centrar inmediatamente tu atención en tu nuevo deseo y seguir dándole vueltas a la perspectiva de un flamante y maravilloso coche (alcanzando así una armonía vibratoria con tu nueva idea), piensas en el vehículo que ahora posees, señalando las razones por las que deseas un coche nuevo. «Este viejo trasto ya no me sirve», piensas, sin darte cuenta de que al pensar en tu viejo coche estás centrando tus vibraciones en él en lugar de centrarlas en el coche nuevo que deseas. «Necesito un coche nuevo», explicas, señalando las abolladuras, los arañazos y los fallos del viejo.

Con cada frase de necesidad y justificación de un coche nuevo refuerzas sin querer la vibración de tu molesta situación presente, y al hacerlo, sigues manteniéndote en una discordancia vibratoria con tu nuevo deseo en lugar de mostrarte receptivo a lo que pides.

Mientras prestes más atención a lo que <u>no</u> deseas con respecto a esta situación, <u>no</u> obtendrás lo que pides. En resumen, si piensas predominantemente en tu maravilloso coche nuevo, éste comenzará a fluir lenta y sistemáticamente hacia ti, pero si piensas ante todo en el viejo trasto que tienes ahora, tu flamante y maravilloso coche nuevo no llegará.

Quizá te parezca complicado distinguir entre el hecho de pensar en tu coche nuevo y seguir dándole vueltas al viejo, pero cuando seas consciente de tu *Guía Emocional* conseguirás hacer esa distinción.

Ahora posees la llave para crear todos tus deseos

Cuando comprendas que tus pensamientos coinciden con tu punto de atracción y que la forma en que *te sientes* indica tu nivel de *aceptación* o de *rechazo*, sostendrás la llave que te permitirá crear cuanto desees.

Es imposible que sientas continuamente emociones positivas sobre algo y que se malogre, al igual que es imposible que sientas continuamente emociones negativas sobre algo y que fructifique, porque lo que sientes te indica si permites o no que tu Bienestar natural fluya hacia ti.

Aunque no existe una fuente de enfermedad, puedes emitir pensamientos que impidan que fluya tu bienestar al igual que puedes emitir pensamientos que impidan que fluya tu abundancia natural, aunque no exista una fuente de pobreza. El Bienestar fluye de continuo hacia ti, y si no has adquirido pensamientos que lo retrasen o frenen, lo experimentarás en todos los ámbitos de tu vida.

No importa en qué situación te halles en relación con lo que deseas. Al prestar atención a lo que *sientes*, y al orientar tus pensamientos hacia pensamientos más gratos, entrarás en armonía vibratoria con tu Bienestar natural.

Ten presente que, en tanto que extensión de Energía No Física pura y positiva, cuanta mayor sea la armonía vibratoria que guardes contigo mismo mejor te sentirás. Por ejemplo, cuando aprecias algo, guardas una armonía vibratoria con quien eres. Cuando amas a alguien, o a ti mismo, guardas una armonía vibratoria con quien eres. Pero cuando empiezas a buscar defectos en la otra persona o en ti mismo, en ese momento ofreces una vibración que no se corresponde con quien eres realmente, y la emoción negativa que sientes te indica que has introducido una vibración de resistencia y no *permites* que se produzca una conexión pura entre tu ser físico y la parte No Física de ti.

Con frecuencia nos referimos a la parte No Física de tu ser como tu *Ser Interior*, o tu *Fuente*. Al margen de cómo llames esta Fuente de *Energía*, o *Fuerza Vital*, es necesario que seas consciente de cuándo permites que se produzca tu conexión con ella y cuándo te resistes. Tus emociones te indican en todo momento tu grado de aceptación o resistencia.

11

Con la práctica te convertirás
en un creador gozoso y deliberado

A medida que reflexiones sobre cómo te sientes, llegarás a dominar el arte de dirigir tu Fuente de Energía y te convertirás en un disciplinado, gozoso y *deliberado creador.* Con la práctica, lograrás adquirir un control preciso sobre esta *Energía Creativa* y, al igual que el hábil escultor, te deleitarás moldeando esta Energía que crea mundos, orientándola hacia tus fines creativos.

Cuando te centres en la Energía Creativa, debes tener en cuenta dos factores: en primer lugar, la intensidad y velocidad de la Energía; y en segundo, la medida en que la aceptas o rechazas. El primer factor tiene que ver con la cantidad de tiempo que dediques a pensar en tu deseo, así como el grado de precisión. Dicho de otro modo, cuando llevas mucho tiempo deseando algo, tu poder de invocarlo es mucho mayor que si piensas hoy en ello por primera vez. Asimismo, si llevas mucho tiempo pensando en ello y has experimentado un contraste que te ha ayudado a centrarte más específicamente, tu deseo lo invoca de un modo aún más poderoso. Cuando un deseo adquiere ese poder o esa velocidad te resultará muy fácil darte cuenta de cómo abordas el segundo factor: la parte de la *aceptación* o el *rechazo.*

Cuando piensas en algo que has deseado desde hace mucho tiempo, y en este momento reparas en que aún no ha ocurrido, estás pensando en que no ha ocurrido, está presente en ti una intensa emoción negativa, pues piensas en algo que posee una energía muy poderosa con la que no guardas una armonía vibratoria. Pero si piensas en algo que deseas desde hace mucho tiempo e imaginas que está a punto de ocurrir, sientes una emoción de expectativa o ilusión.

Así, la forma en que te *sientes* te indica si, en este momento, estás alineado en sentido vibratorio con tu deseo o la ausencia del mismo; si aceptas o te resistes a él, si en este momento lo facilitas o entorpeces.

No se trata de controlar tus pensamientos, sino de guiarlos

En tu sociedad tan tecnológica y sofisticada, en la que tienes prácticamente acceso inmediato a todo lo que ocurre en tu planeta, tan bombardeado estás por pensamientos e ideas que, en ocasiones, tienes la sensación de que invaden tu experiencia personal. Así, la idea de controlar ese alud de pensamientos te parece imposible. Lo normal es prestar atención a lo que hay ante ti.

No te pedimos que te esfuerces en controlar tus pensamientos, sino que te esfuerces en tratar de *guiarlos*. En realidad, más que guiar tus pensamientos se trata de que trates de *sentirte* de una determinada manera, porque es más fácil tratar de *sentirte* como deseas que mantener tus pensamientos alineados en sentido vibratorio con lo que te parece favorable.

La *Ley de Atracción* atrae magnéticamente y organiza tus pensamientos, de modo que conviene que comprendas y colabores deliberadamente con la *Ley de Atracción* con el fin de guiar tus pensamientos.

Ten presente que cuando prestas atención a un pensamiento, ese pensamiento se activa de inmediato en ti, de forma que la *Ley de Atracción* responde de inmediato, lo que significa que otros que guardan una armonía vibratoria con el que acabas de activar se unen a él y lo convierten en un pensamiento más pronunciado, poderoso y atractivo. Y mientras sigues centrado en él, y se expande, otros pensamientos que guardan una armonía vibratoria con ese poderoso pensamiento se unen a él, y así sucesivamente.

Cuando tu pensamiento practicado se convierte en un pensamiento dominante

Cuando te centras deliberadamente en un tema, y generas una sistemática activación de éste en ti, se convierte en un pensamiento practicado o dominante. Y cuando eso ocurre empiezan a manifestarse alrededor de tu pensamiento dominante *cosas* que coinciden con él. Del mismo modo que unos pensamientos correlativos se unieron a tu pensamiento anterior, en tu experiencia personal empiezan a manifestarse ciertas *cosas* correlativas con tu *pensamiento* dominante: artículos en revistas, conversaciones con amigos, observaciones personales... El proceso de atracción es evidente. *Cuando tu atención activa enérgicamente una vibración que has practicado, ciertas* cosas *—deseadas o no deseadas— empiezan a fluir hacia tu experiencia personal. Así es la Ley de Atracción.*

Cómo convertirte en un creador deliberado

Recuerda que antes de beneficiarte del hecho de prestar atención a tus emociones, debes comprender que el Bienestar es la única Corriente que fluye. Puedes aceptar o rechazar esa Corriente, pero si la aceptas es que te sientes bien, y si la rechazas te sientes mal. Dicho de otro modo, sólo existe una Corriente de Bienestar, y la forma en que te *sientes* te indica si la aceptas o la rechazas.

Lo natural es que prosperes. Que te sientas bien. *Eres* bueno, *eres* amado y el Bienestar fluye constantemente hacia ti. Si lo aceptas, se manifestará de multitud de formas en tu experiencia vital.

El tema al que prestas atención está pulsando y emitiendo una vibración de Energía. Mientras te centras en él, comienzas a vibrar al igual que vibra él. Cada vez que te centras en él, y cada vez que emites vibraciones, te resulta más fácil hacerlo la siguiente vez, hasta que al cabo del tiempo desarrollas una proclividad vibratoria. Al igual que ocurre con cualquier otra cosa, a medida que practicas te resulta más fácil. Y si te concentras en ese pensamiento y practicas esta vibración, formas lo que denomináis «una creencia».

Una *creencia* no es más que una vibración practicada. Dicho de otro modo, cuando practicas un pensamiento el tiempo suficiente, cada vez que abordas el tema de ese pensamiento la *Ley de Atracción* te conduce con facilidad hacia la vibración de tu creencia. A partir de ahí la *Ley de Atracción* acepta esa creencia como tu punto de atracción y te aporta cosas que coinciden con esa vibración. Así, cuando vives una experiencia vital que se corresponde con los pensamientos en los que te has centrado, llegas a la conclusión de que «ésta es la verdad». Y aunque sería correcto llamarlo «verdad», nosotros preferimos llamarlo atracción, o creación.

El pensamiento en el que te centras se convierte en tu «verdad». La Ley de Atracción así lo afirma. Tu vida, y la de todo el mundo, no es sino un reflejo de la predominancia de tus pensamientos. Sin excepción.

¿Has tomado la decisión de dirigir tus pensamientos?

Para ser un *creador deliberado* de tu experiencia debes tomar la decisión de dirigir tus pensamientos, porque sólo cuando elijas deliberadamente la dirección de tus pensamientos podrás incidir deliberadamente en tu punto de atracción.

No puedes seguir hablando, observando y creyendo en cosas como lo has hecho siempre y realizar cambios en tu punto de atracción, como tampoco (según hemos comentado antes) puedes ajustar el dial de tu radio a 630 AM y escuchar la música que emite el 101 FM. Tus frecuencias vibratorias deben coincidir.

Cada emoción que sientes te indica si estás alineado o no con la Energía de tu Fuente. Tus emociones son tus indicadores de la discrepancia vibratoria entre tu Ser físico y tu Ser Interior, y cuando prestas atención a esas emociones y tratas de centrarte en pensamientos agradables estás utilizando tu *Guía Emocional* como te proponías hacerlo cuando te encarnaste en este cuerpo físico.

Tu *Guía Emocional* es la clave para ayudarte a comprender tu contenido vibratorio y, por tanto, constituye tu actual punto de atracción. A veces es difícil distinguir entre el pensamiento de lo que deseas y el pensamiento de su ausencia. *Pero distinguir entre tu respuesta emocional al pensamiento de lo que deseas y tu respuesta emocional al pensamiento de la ausencia de tu deseo es muy fácil. Porque cuando estás plenamente centrado en tu deseo (y las vibraciones que ofreces lo reflejan), te sientes maravillosamente. Y cuando te centras en la ausencia de algo que anhelas te sientes muy mal. Tus emociones te indican siempre con exactitud cuál es tu punto de atracción. Así, si prestas atención a tus emociones y emites deliberadamente pensamientos que incidan en la forma en que te sientes, podrás guiarte conscientemente hacia la frecuencia vibratoria que te permitirá satisfacer cualquier deseo.*

¿Puedes aceptarte como un Ser Vibratorio?

La mayoría de nuestros amigos físicos no están acostumbrados a considerar sus vidas en términos de vibraciones, y menos aún a considerarse ellos mismos como radiotransmisores y receptores. Pero vives en un *Universo Vibratorio* y te compones de más *energía, vibración* o *electricidad* de lo que imaginas. *Cuando aceptes esta nueva orientación y empieces a aceptarte como un Ser Vibratorio que atrae todas las cosas que fluyen hacia tu experiencia, emprenderás el delicioso viaje hacia la Creación Deliberada. Cuando comprendas la correlación entre lo que piensas, lo que sientes y lo que recibes lo habrás conseguido. Ahora posees todas las claves necesarias para dirigirte desde donde te encuentres adonde desees ir, en todos los aspectos.*

12

Tú controlas
tus puntos fijos emocionales

Por regla general las personas no se creen capaces de controlar lo que piensan. Observan las cosas que ocurren a su alrededor y las analizan, pero por lo general creen que no poseen ningún control sobre lo que se formula dentro de ellos. Se pasan la vida clasificando los acontecimientos bajo los rótulos de bueno o malo, deseado e indeseado, justo o injusto, pero rara vez comprenden que tienen la capacidad de controlar su relación personal con estos acontecimientos.

Es imposible controlar condiciones que han creado otros

Puesto que muchas personas aprueban algunas de las condiciones que otros han creado pero desaprueban otras, se plantean la misión imposible de tratar de controlar las condiciones. A través de la fuerza o el poder personal, o de reunir a la gente en grupos para adquirir más poder o control, tratan de preservar su propio Bienestar afanándose en asumir el control sobre cualesquiera circunstancias que crean que representan una amenaza para ellos. Pero en este Universo basado en atracción en el que no existe la exclusión, cuanto más se esfuerza uno en rechazar cosas indeseadas, más cosas indeseadas atrae a su experiencia. Y cuantas más cosas indeseadas se manifiestan en su experiencia, más se reafirma uno en su creencia («convenciéndose» a sí mismo) de que tenía razón al considerar perniciosas e invasivas esas cosas indeseadas. Dicho de otro modo, cuanto más defiendas tus creencias, más te ayuda la *Ley de Atracción* a mantenerlas.

«¿Pero qué "verdad" es la auténtica VERDAD?»

Si prestas la suficiente atención a algo, la esencia de aquello en lo que has pensado acaba convirtiéndose en una manifestación física. Y cuando otros observan esa manifestación física, contribuyen, a través de la atención que le prestan, a que se expanda. Y al cabo del tiempo, esta manifestación, tanto si es deseada como si no, se denomina «Verdad».

Deseamos que comprendas que tienes absoluta libertad para elegir las «verdades» que creas en tu experiencia. Cuando entiendas que la única razón de que alguien experimente algo reside en la atención que presta al tema, comprenderás fácilmente que la «verdad» existe sólo porque alguien le ha prestado atención. Así, cuando dices «debo prestar atención a eso, porque es verdad», es como si dijeras «otros han prestado atención a algo que no deseaban y en función de la atención que le han prestado han hecho que eso fluyera hacia *su* experiencia. Y puesto que *ellos* han atraído algo que no deseaban a *su* experiencia, yo también debo hacerlo».

Existen muchas cosas maravillosas que conviertes en tus verdades, y muchas otras no tan maravillosas que conviertes en tus verdades. La *Creación Deliberada* consiste en elegir *deliberadamente* las experiencias que constituyen tus verdades.

Tus pensamientos inciden en tu punto de atracción

Cuando los pensamientos que has activado son más generales que específicos, las primeras vibraciones son aún muy insignificantes y no poseen un gran poder de atracción, por así decirlo. Por consiguiente, en esos primeros estadios no es fácil que veas pruebas manifiestas de la atención que prestas al tema. Pero aunque no veas aún esas pruebas no significa que no se produzca la atracción de otros pensamientos que coinciden con los tuyos. Dicho de otro modo, tu pensamiento se hace más intenso, su poder de atracción es más potente y las vibraciones de otros pensamientos similares se unen a él. Y a medida que tu pensamiento adquiere más fuerza, comprendes a través de tus indicadores emocionales el grado en que esta creciente vibración de pensamiento coincide con la Energía de tu Fuente. Si coincide con quien eres, tus emociones de bienestar te lo indican. Si no coincide con quien eres, tus emociones de malestar te lo indican.

Por ejemplo, es posible que cuando eras pequeño tu abuela te dijera: «Eres un niño maravilloso. Te quiero mucho. Gozarás de una vida feliz y satisfactoria. Tienes muchas dotes, y el mundo se beneficiará de tu presencia». Esas palabras te producían una sensación grata porque se correspondían en un sentido vibratorio con lo que anidaba en tu interior. Pero cuando alguien te dice: «Eres malo. Deberías avergonzarte de ti mismo. Me has disgustado. Eres un desastre», esas palabras te producen un profundo malestar porque la atención que les has prestado ha hecho que te conviertas en algo distinto en sentido vibratorio a lo que realmente eres y lo que sabes.

La forma en que te sientes es una indicación clara y precisa de tu alineación, o falta de alineación, con tu Fuente de Energía. En resumen, tus emociones te indican si «permites»o te resistes a tu conexión con la Fuente.

Los estados de ánimo como indicadores de tus puntos fijos emocionales

Cuando persistes en centrarte en un determinado pensamiento te resulta cada vez más fácil seguir centrándote en él porque la *Ley de Atracción* te facilita otros pensamientos similares. De este modo desarrollas, desde el punto de vista emocional, un estado de ánimo o una actitud. Desde el punto de vista vibratorio, adquieres, por así decirlo, un talante vibratorio habitual o *fijo*.

Tu estado de ánimo es una fiel representación de lo que atraes hacia tu experiencia. Tu estado de ánimo, o un sentimiento generalizado sobre determinado tema, constituye una clara indicación de la vibración que has practicado. Dicho de otro modo, cada vez que activas en ti un tema en virtud de tus experiencias en tu medio, tu vibración se sitúa de inmediato en su frecuencia habitual o *punto fijo*.

Por ejemplo, digamos que cuando eras niño tus padres experimentaron graves dificultades económicas. Por consiguiente, en tu casa hablaban con frecuencia de la falta de dinero y la incapacidad de adquirir lo que deseaban, lo cual iba acompañado por las correspondientes emociones de preocupación y temor. A menudo, en respuesta a tus peticiones, te decían que «el dinero no crece en los árboles», y que «el mero hecho de desearlo no significa que lo consigas», y que «tú, al igual que el resto de la familia, debes conformarte con lo que tienes. No hay vuelta de hoja...» Debido a los años en que prestaste atención a esos pensamientos de «falta de dinero», tu pensamiento habitual sobre el dinero —tu *Punto Fijo Emocional*— se convirtió en un pensamiento de escasas expectativas de éxito financiero. Así, cada vez que pensabas en el dinero o la riqueza, caías de inmediato en un talante o una actitud de frustración, preocupación o ira.

O quizá cuando eras niño la madre de un amigo tuyo se mató en un accidente de tráfico y tu estrecha relación con alguien que padecía un trauma infantil tan grave hizo que creciera en ti el temor por el Bienestar de tus padres. Cuando partían de viaje en coche, te invadía el pánico hasta que regresaban. Así, poco a poco, desarrollaste la costumbre de preocuparte por el Bienestar de las personas a las que querías. Tu *Punto Fijo Emocional* es la inseguridad.

O quizá cuando eras adolescente tu abuela murió de un ataque al corazón. Y durante los años que siguieron a su muerte oíste con frecuencia a tu madre expresar su inquietud sobre las elevadas posibilidades de que le ocurriera lo mismo a ella o a sus hijos (¡incluso a ti!). Prácticamente cada vez que hablabais de tu abuela, su inesperada muerte se convertía en una parte emocional de la conversación que generaba temor. Aunque *tu* cuerpo era saludable y te sentías físicamente bien, en tu fuero interno latía la preocupación por tu vulnerabilidad física. Así, al cabo del tiempo, adquiriste un *Punto Fijo Emocional* basado en la vulnerabilidad física.

Tú puedes cambiar tus puntos fijos emocionales

Del mismo modo que tus estados emocionales dominantes pueden pasar de una sensación de bienestar y seguridad a otra de malestar o inseguridad, tus puntos fijos pueden pasar de no sentirte bien a sentirte bien, pues adquieres un Punto Fijo Emocional simplemente prestando atención a un determinado tema, y a través de tu pensamiento practicado.

No obstante, la mayoría de las personas no elaboran *deliberadamente* pensamientos, sino que dejan que sus pensamientos graviten hacia lo que ocurre en torno a ellas. Ocurre algo. Lo observan. Se produce en ellas una respuesta emocional a lo que observan. Y dado que la mayoría de las veces se sienten impotentes para controlar lo que observan, llegan a la conclusión de que no tienen ningún control sobre su respuesta emocional a lo que observan.

Queremos que comprendas que ejerces un control absoluto sobre tus puntos fijos. Y queremos que comprendas la extraordinaria utilidad de que adquieras deliberadamente tus puntos fijos. Porque de este modo, cuando esperes algo, lo conseguirás. Es posible que los pormenores sean distintos de lo que imaginabas, pero la esencia vibratoria siempre coincidirá exactamente con la tuya.

13

Déjate guiar por tus sentimientos

Otra importante premisa que conviene que tengas presente es que eres una extensión física de la Fuente de Energía, y que una Corriente eterna de esa Fuente de Energía fluye hacia ti y a través de ti, y constituye tu Ser. Esta Corriente ya fluía antes de que el Ser físico que conoces como Tú nacieras, y seguirá fluyendo cuando el Ser físico que conoces como Tú experimente lo que llamáis «muerte».

Todo organismo vivo, animal, humano o planta, experimenta lo que se denomina muerte, sin excepción. El Espíritu, que es lo que somos, es eterno. Por consiguiente, la muerte resulta ser un cambio en la perspectiva de ese Espíritu eterno. Si estás encarnado en tu cuerpo físico y conectado conscientemente a ese Espíritu, posees una naturaleza eterna y no debes temer que llegue un final, porque, desde esa perspectiva, no existe. (Jamás dejarás de existir porque eres una Conciencia eterna.)

Tus emociones te indican la cantidad de Fuente de Energía que estás invocando en estos momentos en virtud del deseo que sientes en este momento. Asimismo, te indican si tu preponderancia de pensamiento sobre el tema se corresponde con tu deseo, o bien con la ausencia de tu deseo. Por ejemplo, una sensación de vehemencia o entusiasmo indica que existe un intenso deseo en ese momento; una sensación de rabia o revanchismo también indica que existe un intenso deseo; pero una sensación de aburrimiento o desmotivación indica que en estos momentos estás escasamente centrado en un deseo.

Cuando deseas algo con fervor y piensas en tu deseo y te complace pensar en él, las vibraciones de tu pensamiento se alinean con tu deseo y la corriente de tu Fuente fluye a través de ti libre y sin trabas hacia tu deseo. Es lo que denominamos «aceptar que fluya tu Bienestar natural». Pero cuando deseas algo fervientemente y sientes ira, temor o frustración, significa que estás centrado en lo contrario a lo que deseas y por tanto estás introduciendo otra vibración ajena a la cuestión. El grado de emociones negativas que experimentas en esos momentos indica tu resistencia a recibir lo que deseas.

Aprende a prestar atención a tus sentimientos

Cuando las emociones son intensas —al margen de que sean positivas o negativas— significa que experimentas un deseo intenso. Cuando las emociones son débiles, significa que tu deseo no es intenso.

Cuando las emociones hacen que te sientas bien —al margen de que sean intensas o débiles— significa que facilitas la consecución de tu deseo.

Cuando las emociones hacen que te sientas mal —al margen de que sean intensas o débiles— significa que impides la consecución de tu deseo.

Tus emociones son indicadores *precisos* de tu contenido vibratorio. Por consiguiente, son un reflejo fidedigno de tu actual punto de atracción. Te ayudan a saber, en todo momento, si facilitas o impides la consecución de tu deseo.

Quizá creas que no puedes controlar tus emociones, o que deberías controlar tus emociones, pero en cualquier caso deseamos que consideres tus emociones de forma distinta: Te recomendamos que prestes atención a lo que sientes y dejes que tus emociones cumplan con su papel de valiosos indicadores.

Una sensación de vacío te indica algo importante

Cuando el indicador del combustible de tu vehículo te indica que el depósito está vacío, no despotricas contra el indicador. Recibes la

información que te ofrece y te afanas en llenar el depósito de gaso-
lina. Asimismo, un sentimiento negativo es un indicador de que tu
actual elección de pensamientos hace que ofrezcas una vibración
tan ajena a tu Fuente de Energía que te impide la plena conexión
con la Corriente de Energía. (Podemos decir que tu depósito está
vacío.)

Tus emociones no crean, pero indican lo que atraes en estos
momentos. Si tus emociones contribuyen a hacerte comprender
que tu elección de pensamientos no te lleva por el camino deseado,
debes hacer algo al respecto: *Reactivar tu conexión y elegir pensamientos más agradables.*

«Ve en pos de tu felicidad» es un pensamiento positivo

Como hemos comentado antes, se han escrito ríos de tinta sobre el
poder de los pensamientos positivos, y lo suscribimos plenamente.
No se ha ofrecido mejor consejo a nuestros amigos físicos que el que
dice «ve en pos de tu felicidad», pues en la búsqueda de la felicidad
uno debe alinearse con la Energía de su Fuente. Y en esa alineación
constante el Bienestar está garantizado. Pero cuando uno se halla inmerso en circunstancias que le hacen ofrecer unas vibraciones muy
alejadas de su felicidad, le resulta imposible ir en pos de ella, pues la
Ley de Atracción no le permite realizar el necesario ajuste vibratorio,
de igual forma que uno no puede sintonizar la radio en el 101 FM
del dial y escuchar una canción que emiten en el 630 AM.

Estás capacitado para dirigir tus pensamientos

Tienes la capacidad de dirigir tus pensamientos; tienes la opción de
observar las cosas como son o imaginarlas como querrías que fueran. Cualquier opción que elijas, tanto si imaginas como si observas, es igual de poderosa. Tienes la opción de recordar algo tal como
sucedió o imaginarlo como preferirías que fuera. Tienes la opción

de recordar algo que te complació o recordar algo que te disgustó. Tienes la opción de esperar que ocurra algo que deseas o algo que no deseas. En cualquier caso, tus pensamientos producen una vibración en ti que se corresponde con tu punto de atracción, y las circunstancias y los acontecimientos se alinean para corresponderse con las vibraciones que has emitido.

Tienes la capacidad de prestar atención a lo que elijas, de modo que es posible que desvíes tu atención de algo que no deseas y te centres en algo que deseas. Pero cuando practicas insistentemente esa vibración en tu interior, tiendes a seguir emitiendo esa vibración que has practicado, por más que quisieras no hacerlo.

No es difícil cambiar el patrón de vibraciones, sobre todo cuando comprendes que puedes hacerlo poco a poco. Cuando comprendas cómo se producen las vibraciones, cómo inciden en tu experiencia y, más importante aún, lo que tus emociones te indican sobre tus vibraciones, podrás progresar rápida y sistemáticamente hacia la consecución de lo que desees.

Si nosotros estuviéramos en tus zapatos físicos...

No es a ti a quien corresponde *hacer* que ocurra algo, sino a las Fuerzas Universales. Tu tarea consiste simplemente en determinar lo que deseas. No puedes detener tu lista de constantes preferencias, de modo que tu experiencia vital te ayuda a determinar, tanto a nivel consciente como inconsciente, qué prefieres y en qué aspectos podría mejorar la vida, aparte de tu importante perspectiva personal. Todo ofrecimiento (o petición) consciente o inconsciente es atendido por la Fuente.

Cuando has vivido una experiencia que te ayuda a comprender, de forma exagerada, lo que no deseas, también comprendes, de forma exagerada, lo que deseas. Pero cuando eres intensamente consciente de lo que no quieres, no significa que estés alineado con lo que quieres. Cuando deseas algo que crees que es imposible de alcanzar, no estás alineado. Cuando deseas algo y te sientes frustrado porque no lo tienes, no estás alineado; cuando ves que alguien posee justamente lo que tú deseas y sientes envidia, no estás alineado.

Si nosotros estuviéramos en tus zapatos físicos, centraríamos nuestra atención en alinearnos con los deseos y las preferencias que hubiéramos ofrecido; nos esforzaríamos <u>conscientemente</u> en lograrlo.

No puedes reprimir tus deseos naturales

Todos tus deseos, necesidades o preferencias emanan de ti de forma natural y constante, pues te encuentras en Primera Línea de un Universo que hace que eso sea así; la naturaleza eterna de este Universo insiste en que tus deseos se cumplan.

Éstos son los simples fundamentos de este Universo que se expande eternamente:

- La variedad propicia la contemplación.
- La contemplación crea preferencias.
- La preferencia consiste en pedir.
- Las peticiones siempre son atendidas.

Con respecto a la creación de tu experiencia vital, sólo existe una pregunta importante que debes formularte: ¿Cómo puedo alinearme en sentido vibratorio con los deseos que mi experiencia ha producido?

La respuesta es bien sencilla: Prestando atención a cómo te sientes y eligiendo deliberadamente pensamientos —sobre lo que sea— que te produzcan una sensación grata cuando te centres en ellos.

14

Algunas cosas que ya sabías antes de llegar

Recuerda que te hallas en Primera Línea de esta realidad tiempo-espacio para crear y gozar orientando tu Fuente de Energía hacia los pormenores de tu experiencia física vital.

Cuando tomaste la decisión de encarnarte en este cuerpo sabías que eras un creador y que la Tierra te inspiraría tu creación personal. También sabías que pidieras lo que pidieras, te sería concedido. Te entusiasmaba la perspectiva de que el medio terrestre te inspirara a alcanzar tus deseos, y entendías que la Fuente fluiría a través de ti con el fin de que lograras la consecución de esos deseos.

También sabías que:

- Al tratar siempre de alcanzar la dicha, o el Bienestar, avanzarías hacia lo que desearas.
- Mientras avanzaras hacia tus deseos, experimentarías alegría.
- En este plano terrenal, gozarías de total libertad para moldear tus vibraciones de forma placentera para atraer una maravillosa experiencia vital.
- Puesto que el Bienestar es la base de este maravilloso Universo, tendrías las suficientes oportunidades —al ofrecer continuos pensamientos— de moldear tus pensamientos para alcanzar experiencias vitales gozosas.
- El Bienestar abunda, por lo que este medio lleno de contrastes en el que te disponías a entrar no te inspiraba inquietud o temor.
- La variedad te ayudaría a elegir tu propia vida.

- Tu tarea consistía en dirigir tus pensamientos, y a medida que lo hicieras se desarrollaría tu vida.
- Eres una extensión eterna de la Fuente de Energía y la base de lo que eres es beneficioso.
- Permitirías fácilmente que el Bienestar de tus orígenes, y de tu Fuente, fluyera constantemente a través de ti.
- Nunca podrías alejarte de tu Fuente, ni separarte por completo de ella.
- Experimentarías emociones inmediatas que te ayudarían a comprender la dirección de tus pensamientos, y tus emociones te indicarían al instante si te aproximabas o alejabas de lo que deseabas.
- Sabrías en todo momento, por la forma en que te *sentías*, si estabas favoreciendo o entorpeciendo tu conexión con tu Corriente de Bienestar. Así, te incorporaste a la experiencia de esta Tierra con la ilusión de gozar de una vida maravillosa.
- Y también sabías que no se produciría una manifestación inmediata de ningún pensamiento, por lo que tendrías multitud de oportunidades de moldear, valorar, decidir y gozar del *Proceso Creativo*.

Nosotros nos referimos al tiempo que media entre el momento en que ofreces un pensamiento y su manifestación física como «la memoria intermedia del tiempo». Es el maravilloso momento en que ofreces un pensamiento, te percatas de la sensación que te produce, ajustas el pensamiento para sentirte mejor y, por fin, con una actitud expectante, gozas del delicioso y sistemático desarrollo de lo que se ha concretado en tu deseo.

«Si sé tantas cosas, ¿por qué que no consigo triunfar?»

No existe una razón por la que no puedas conseguir cuanto deseas. Como no existe una razón por lo que debas experimentar algo que no deseas, pues ejerces un control absoluto sobre tus experiencias.

En ocasiones nuestros amigos físico se muestran en desacuerdo con esta contundente afirmación, pues con frecuencia les falta algo que ansían o tienen algo que no desean. Así, insisten en que es imposible que sean los creadores de su propia experiencia porque no se perjudicarían a sí mismos de esa forma. Si ejercieran un control absoluto sobre sus vidas, las cosas serían muy distintas.

Deseamos que sepas que siempre ejerces poder y control sobre tu experiencia vital. La única razón por la que experimentas algo distinto a lo que deseas es que prestas buena parte de tu atención a algo distinto de lo que deseas.

«¿Puedo confiar en la <u>Ley de Atracción</u>?»

La <u>Ley de Atracción</u> te proporciona siempre la esencia de tus pensamientos. Sin excepción. Consigues aquello en lo que piensas, te guste o no. Con el tiempo y con la práctica, llegarás a tener presente que la Ley de Atracción siempre es coherente. No te engaña. No te traiciona. No te confunde, pues la *Ley de Atracción* responde precisamente a las vibraciones que emites. Para muchos, la confusión obedece a que emiten vibraciones sin darse cuenta de que lo hacen. Saben que desean algo específico y que no han obtenido lo que desean, pero a menudo no se dan cuenta de que buena parte de los pensamientos que ofrecen contradicen lo que desean.

Cuando comprendas cómo funciona tu *Guía Emocional*, no volverás a ofrecer vibraciones sin saber que lo haces. Y con el tiempo, adquirirás una conciencia tan clara de tus valiosas emociones que sabrás, en todo momento, si el pensamiento en el que te centras actualmente te acerca o te aleja de lo que deseas. Aprenderás literalmente a «sentir» si te diriges hacia aquello que deseas, en todos los aspectos.

La base de tu mundo es el Bienestar. Puedes permitir o impedir que fluya a través de ti, pero la base es el Bienestar. La <u>Ley de Atracción</u> dice: Todo lo que se asemeja se atrae. Así, la esencia de aquello a lo que prestas atención se está desarrollando en tu experiencia. Por consi-

guiente, no hay nada que no puedas ser, hacer o tener. Así es la Ley de Atracción.

«¡No puedo llegar a San Diego desde Phoenix!»

Si todo esto es cierto (y te prometemos solemnemente que lo es), ¿cómo es posible que tantas personas experimenten tantas cosas que no desean?

Plantéate esta pregunta: «Si estoy en Phoenix, Arizona, y deseo ir a San Diego, California, ¿cómo puedo llegar?» La respuesta a esta pregunta es muy sencilla: Independientemente del medio de transporte que elijas —en avión, en coche o incluso a pie—, si tomas la dirección de San Diego y sigues avanzando en ese sentido, antes o después llegarás a San Diego.

Si te diriges hacia San Diego, pero pierdes el sentido de la orientación y regresas a Phoenix, luego das media vuelta y te diriges de nuevo a San Diego, pero vuelves a confundirte y emprendes otra vez el camino de San Diego... Podrías pasar el resto de tu vida yendo de un lado para otro sin llegar nunca a San Diego. Pero puesto que conoces la dirección, y con ayuda de las señales de tráfico y otros viajeros, no es lógico que permanezcas perdido para siempre en el desierto de Arizona, incapaz de llegar a San Diego. El trayecto de 700 kilómetros entre ambas ciudades es fácil de descifrar, y la idea de realizar el viaje es asequible, de modo que si deseas realizar ese viaje seguramente hallarás el medio de conseguirlo.

Queremos que comprendas que el trayecto entre el punto en el que te hallas, en cualquier aspecto de tu vida, y el punto que deseas alcanzar es tan fácil de llevar a cabo como el trayecto de Phoenix a San Diego, siempre y cuando aprendas a discernir en qué punto del trayecto te hallas.

Por ejemplo, lo que hace que parezca más difícil pasar de la insolvencia económica a la riqueza es que no te diste cuenta de cuándo te volviste y tomaste la dirección opuesta. La única razón de que no hayas pasado de la ausencia de una relación sentimental a la relación perfecta y satisfactoria que ansías es que no eras consciente del poder de tus pensamientos y tus palabras que te han hecho regresar a Phoenix. Entiendes claramente todos los factores que comporta trasladarte de Phoenix a San Diego, pero no comprendes los factores que comporta trasladarte tú mismo de la falta de salud a una salud fabulosa, de la ausencia de una relación a la satisfacción que te ofrece esta maravillosa relación o de la penuria económica a la libertad de hacer todas las cosas que siempre has deseado.

Cuando comprendas la claridad que te procuran tus emociones no volverás a ignorar los efectos de tus pensamientos actuales. Sabrás siempre si, en este momento, avanzas o te alejas de tu objetivo o deseo. El hecho de saber cómo te sientes te proporcionará la claridad que ansías, y no volverás a perderte en el desierto. Cuando compruebes que estás avanzando hacia tus deseos, podrás relajarte un poco y gozar de este increíble periplo.

15

Eres un Ser perfecto que se expande, en un mundo perfecto que se expande, en un Universo perfecto que se expande

Debes saber que:

- Eres una extensión física de la Fuente de Energía
- El mundo físico en el que vives te ofrece un medio ideal para crear.
- La diversidad que existe te ayuda a centrarte en tus deseos personales o en tus preferencias.
- Cuando te centras en un deseo, la Fuerza Vital Creativa que invocas comienza de inmediato a fluir hacia tu deseo y el Universo se expande. Lo cual es beneficioso.
- No es necesario que seas consciente del *Proceso Creativo* para que prosiga.
- La variedad y la riqueza del medio en el que te hallas físicamente seguirá estimulando nuevos deseos en todos aquellos que participen.
- Cada deseo o preferencia, por importante o insignificante que te parezca, es atendido de inmediato por Todo Cuanto Existe.
- A medida que cada deseo es atendido por cada entidad que lo percibe, el Universo se expande.
- A medida que el Universo se expande, la variedad se expande.

- A medida que la variedad se expande, tu experiencia se expande.
- A medida que tu experiencia se expande, tu deseo se expande.
- Y el Universo se expande, lo cual es beneficioso. De hecho, es perfecto.
- Vives en un medio que se expande continuamente, lo cual hace que se generen en ti nuevos deseos, que la Fuente siempre atiende de inmediato.
- Cada vez que obtienes lo que has pedido, alcanzas una nueva perspectiva desde la cual vuelves a formular espontáneamente otra petición.
- Así, la expansión del Universo y tu expansión personal siempre siguen estas pautas:
  — Vives en un Universo que se expande.
  — Vives en un mundo físico que se expande.
  — Eres un Ser que se expande.
  — Y esto sucede al margen de que seas consciente de ello o no.
  — Este Universo se expande eternamente, al igual que tú.
  — Y eso es beneficioso.

Participa conscientemente en tu maravillosa expansión

Te ofrecemos encantados nuestra perspectiva por una razón. Para que participes conscientemente en tu maravillosa expansión personal. *Tu expansión es un hecho, la expansión de tu realidad tiempo-espacio es un hecho, y la expansión de este Universo es un hecho. Te resultará mucho más satisfactorio participar consciente y deliberadamente en tu expansión personal.*

16

Eres un cocreador en un Universo magníficamente diverso

Si tienes la capacidad de imaginarlo, o siquiera pensar en ello, este Universo tiene la capacidad y los recursos para ofrecértelo, pues este Universo es como una cocina bien surtida, con todos los ingredientes imaginables a tu alcance. Y en cada partícula de este Universo se contiene lo que puedes desear y su ausencia. Esta perspectiva de abundancia, y su ausencia, es el medio en el que puedes concentrar tu atención, y al hacerlo activas la *Ley de Atracción*.

Si no eres capaz de saber lo que deseas, no serás capaz de saber lo que no deseas. Y si no eres capaz de saber lo que no deseas, no puedes saber lo que deseas. Tus preferencias naturales son fruto de tu experiencia vital. De hecho, en todo momento del día exudas esas preferencias, a múltiples niveles de tu Bienestar. Incluso las células de tu cuerpo saludable viven sus propias experiencias y emanan *sus* preferencias. Cada preferencia es reconocida e inmediatamente atendida por la Fuente, sin excepción.

Para obtener lo que deseas, debes aceptar lo que no deseas

A veces nuestros amigos físicos expresan el deseo de habitar en un Universo menos desigual. Ansían vivir en un lugar donde no existan tantas cosas indeseadas, un lugar donde existan más cosas como ellos querrían que fueran. Y nosotros les explicamos siempre que no habéis venido aquí para vivir esta experiencia física con la pretensión de reducir todas las experiencias que existen a un puñado de buenas ideas acerca de las que todos os mostráis de acuerdo, pues eso conduciría a la terminación, lo cual es imposible. Este es un Universo que se expande, y todo debe tener cabida en él. Dicho de otro modo, para que comprendas y experimentes lo que deseas, debes comprender lo que no deseas, porque para elegir y concentrar tu atención en algo ambas cosas deben estar presentes y ser comprendidas.

No viniste aquí para reparar un mundo maltrecho

En tanto que una Fuente de Energía No Física que se expresa a través de su experiencia física, tu experiencia física constituye sin duda la Primera Línea del pensamiento. Y puesto que tú mismo moldeas tu experiencia creativa, llevas el pensamiento más lejos que nunca.

Desde el momento en que tomaste entusiasmado la decisión de encarnarte en este cuerpo físico y crear tu propia experiencia personal, comprendiste, desde tu punto de vista No Físico, que este mundo físico no estaba maltrecho ni precisaba ser reparado, y no viniste aquí para repararlo.

Viste este mundo físico como un medio creativo en el que tú y todo el mundo podíais expresaros de forma creativa; no viniste aquí para tratar de impedir que los otros hicieran lo que están haciendo e hicieran otra cosa. Viniste conociendo el valor del contraste y el equilibrio que encierra la variedad.

Todo Ser físico de tu planeta es tu socio y cocreador, y si todos aceptáis esto y apreciáis la diversidad de creencias y deseos, gozaréis de experiencias más expansivas, plenas y satisfactorias.

No eches esos ingredientes no deseados a tu tarta

Imagina que eres un chef en una cocina perfectamente surtida, que contiene todos los ingredientes imaginables. Digamos que tienes una idea muy precisa sobre la creación culinaria que deseas realizar, y que sabes cómo combinar esos ingredientes fácilmente asequibles para satisfacer tu deseo. Cuando te pones manos a la obra, compruebas que hay muchos ingredientes que *no* son adecuados para tu creación, de modo que no los utilizas, pero su presencia no te incomoda. Simplemente te limitas a utilizar los ingredientes que mejor se adaptan a tu creación y te abstienes de echar a tu tarta los ingredientes inadecuados.

Algunos ingredientes con los que cuenta esta cocina bien surtida armonizan con tu creación, y otros, no. Pero aunque el hecho de añadir algunos de esos ingredientes a tu creación estropearía tu tarta, no sientes la necesidad de destruirlos o eliminarlos de tu cocina, pues entiendes que no tienen por qué acabar en tu tarta a menos que tú los añadas. Y puesto que tienes muy claro qué ingredientes mejorarán tu creación y cuáles la estropearán, no te disgusta que exista una gran variedad de ingredientes.

Hay espacio suficiente para la gran diversidad de pensamientos y experiencias

Desde tu perspectiva No Física de la inmensa variedad de experiencias, creencias y deseos que existen entre las personas de tu mundo, no sientes la necesidad de omitir ni controlar algunas de ellas. *Entiendes que en este Universo que se expande hay espacio suficiente para dar cabida a todo tipo de pensamientos y experiencias. Estás decidido a controlar creativa y deliberadamente tu experiencia vital y tus creaciones, pero no tienes la menor intención de controlar las creaciones de los demás.*

Esta variedad lejos de preocuparte te estimuló, pues sabías que eras el creador de tu propia experiencia, y entendías que esa variedad te inspiraría a tomar determinados caminos y que el hecho de que otros eligieran otros caminos no significaba que estuvieran acertados o errados, ni que tú estuvieras acertado o errado. Entendías el valor de la diversidad.

Este es el proceso mediante el cual tu Universo se expande

Así pues, tus preferencias o deseos nacen a partir de la variedad o el contraste. Y a partir del momento en que tu preferencia comienza a existir, empieza a atraer hacia sí, en virtud de la *Ley de Atracción*, la esencia de aquello que coincide con ella, lo cual propicia una expansión inmediata.

Y cuando prestas atención a cómo te sientes y sigues optando por un sentimiento agradable con respecto a tu preferencia recién nacida, permaneces alineado con ella, y al aparecer ésta suave y fácilmente en tu experiencia, confirma que has creado tu deseo. Pero, junto con esta manifestación física de tu deseo aparece una nueva perspectiva. Así, las características vibratorias de ti y de todo lo referente a ti se modifican un tanto y pasas a nuevas circunstancias que contrastan entre sí, las cuales inspiran a su vez en ti circunstancias nuevas, y de ti emanan nuevos cohetes de deseo.

Y desde el momento en que existe este nuevo deseo, comienza a vibrar y a atraer otras cosas hacia sí, y a expandirse. De modo que ahora, mientras sigues prestando atención a cómo te sientes, y eliges pensamientos agradables sobre esta preferencia recién nacida, permaneces alineado con ella en sentido vibratorio. Así, fluye suave y fácilmente hacia tu experiencia, y con ello creas de nuevo tu deseo. Y alcanzas de nuevo un potente punto de claridad en el que te rodean otros factores que contrastan entre sí, que propiciarán otro cohete de deseo...

Así es como se expande el Universo, y éste es el motivo por el que te hallas en Primera Línea de su expansión. El valioso contraste sigue propiciando el nacimiento de un sinfín de nuevos deseos, y a medida que nace cada nuevo deseo, la Fuente responde a él. Es una expansión eterna, pura y positiva, que jamás cesa de fluir.

Jamás llegarás allí, así que disfruta de tu viaje

Cuando observes conscientemente, desde tu perspectiva creativa, el hecho de que cada nuevo acontecimiento conduce a un nuevo deseo, empezarás a comprender desde un punto de vista personal el papel que desempeñas en este Universo que se expande. Y, con el tiempo, llegarás a recordar que jamás conseguirás todo cuanto deseas porque nunca dejarás de ser consciente del contraste del que nace todo concepto o deseo nuevo. Todo el Universo se basa en esta premisa. Y cuando llegues a aceptar la idea de que eres un Ser eterno, que tus deseos nunca cesarán de fluir, y que todo deseo que nace contiene el poder de atraer todo lo necesario (en virtud de la *Ley de Atracción*) para la expansión y satisfacción de sí, recordarás el inmenso Bienestar sobre el que se funda este Universo y podrás relajarte y aceptar la naturaleza eterna de tu Ser. Entonces empezarás a disfrutar de tu viaje.

Si tu objetivo consiste, en última instancia, en conseguir todo cuanto deseas, comprobarás que eres incapaz de alcanzar ese objetivo, pues la naturaleza expansiva de este Universo se opone a ese concepto. *Jamás lo conseguirás porque jamás cesarás de existir, y jamás dejarás de ser consciente. Ahora bien, tu conciencia generará siempre otra petición, y cada petición propiciará otra respuesta.*

Tu naturaleza eterna es expansiva y esa expansión encierra el potencial de una dicha indecible.

Siente el equilibrio y la perfección de tu medio

Así, el contraste hace que nazca en ti un nuevo deseo. El nuevo deseo irradia desde ti, y cuando ofreces la vibración de tu nuevo deseo, ese deseo es atendido. Siempre. Si pides, te será concedido.

Ahora piensa en la perfección de este proceso: *De ti emanan constantemente ideas nuevas para mejorar tu experiencia, las cuales son atendidas constantemente.*

Contempla la perfección de este medio: *Cada punto de Concien-*

cia mejora su estado de la misma forma que tú, cuando cada deseo es comprendido y atendido, y cada perspectiva es respetada y atendida.

Siente el equilibrio y la perfección de tu entorno: *Cada punto de Conciencia, incluso la Conciencia de una célula de tu cuerpo, puede solicitar mejorar y conseguirlo.*

Puesto que toda petición es atendida, no hay competencia

Cada punto de vista es importante; cada petición es concedida; y en la medida de que este increíble Universo se expande inexorablemente, los recursos universales que atienden estas peticiones son infinitos. Como infinitas son las respuestas al incesante flujo de preguntas, y por eso no hay competencia.

Es imposible que otra persona obtenga los recursos que estaban destinados a ti, ni tú puedes despilfarrar egoístamente los recursos que estaban destinados a otra persona. Todos los deseos son atendidos; todas las peticiones son concedidas; nadie queda desatendido, sin amor, insatisfecho. Cuando permaneces alineado con tu Corriente de Energía, siempre sales ganando y nadie tiene que perder para que tú ganes. Siempre hay suficiente para todos.

En ocasiones a nuestros amigos físicos les cuesta recordar esta verdad porque sufren carencias en su experiencia o la observan en la experiencia de otro. Pero lo que presencian no es una prueba de escasez o falta de recursos, sino la negativa a recibir los recursos que han sido solicitados y atendidos. El **Primer Paso** se ha producido: alguien ha formulado una petición. El **Segundo Paso** se ha producido: la petición ha sido atendida. Pero el **Tercer Paso**, la alineación con el Bienestar que fluye de la Fuente, no se ha producido.

Si alguien no recibe lo que ha pedido no se debe a una escasez de recursos; el único motivo es que esa persona que ha formulado el deseo no está alineada con su petición. No existe escasez, no faltan recursos ni hay competencia por apoderarse de ellos. Tan sólo existe el rechazo o la negativa a recibir aquello que uno ha pedido.

17

¿Dónde estás y dónde deseas estar?

¿Conoces los sistemas de navegación de posicionamiento global que incorporan hoy en día algunos vehículos? Una antena en el techo de tu vehículo envía una señal a unos satélites en el cielo que identifican tu situación presente. Cuando escribes tu destino en el teclado, el ordenador calcula la ruta entre el lugar en el que te encuentras y al que deseas llegar. El monitor te informa sobre la distancia que debes recorrer y te recomienda el mejor itinerario para llegar allí, y cuando te pones en marcha el sistema te suministra (de palabra o mediante un mensaje de texto) las indicaciones precisas para alcanzar tu nuevo destino.

El sistema de navegación nunca pregunta: «¿Dónde has estado?» No pregunta: «¿Por qué has tardado tanto?» Su única misión consiste en ayudarte a llegar desde donde estás a donde deseas estar. Tus emociones te procuran una guía similar, pues su función principal consiste también en ayudarte a recorrer la distancia desde el lugar donde te encuentras a donde deseas dirigirte.

Es muy importante que sepas dónde estás en relación con dónde deseas estar para poder aproximarte a ese punto. El conocimiento de dónde te encuentras y dónde deseas estar es esencial si quieres tomar decisiones deliberadas sobre tu viaje.

En tu medio físico estás rodeado por numerosas influencias, y a menudo otros te piden e insisten en que te comportes de modo distinto para incidir positivamente en tu experiencia. Estás bombardeado por leyes, normas y expectativas que te son impuestas por otros, y casi todo el mundo parece tener una opinión sobre cómo deberías de comportarte. Pero es imposible que sigas por el camino indicado entre donde te encuentras y adonde te diriges si utilizas esas influencias ajenas para guiarte.

Con frecuencia dejas que los demás influyan en ti y te manipulen con el fin de complacerlos, pero a la larga compruebas que por más que lo intentes no puedes avanzar continuamente en la dirección que otros desean, de modo que no sólo no logras complacerlos, sino que no te complaces a ti mismo. Y si dejas que otros tiren de ti en un sentido y en otro, por lo general acabas extraviando el sendero que te habías propuesto tomar.

El mayor don que puedes ofrecer es tu felicidad

El mayor don que puedes ofrecer a otro es tu felicidad, pues cuando te hallas en un estado de alegría, felicidad o gratitud, estás plenamente conectado a la Corriente de la Fuente de Energía pura y positiva que eres. Cuando estás en ese estado de conexión, cualquier objeto o persona que constituye el objeto de tu atención se beneficia de tu atención.

Nadie necesita que hagas ciertas cosas para que ellos se sientan satisfechos, pues todos tienen acceso a la misma Corriente de Bienestar que tú. Con frecuencia, otros (que no saben que tienen acceso a esa Corriente) son conscientes de su incapacidad de situarse en un lugar que les haga sentirse bien y te piden que te comportes de una determinada manera para sentirse ellos mejor. Pero no sólo te sitúan a ti en una posición incómoda al tratar de hacerte responsable de su dicha, sino que ellos también se colocan en una situación de esclavitud. Pues no pueden controlar la forma en que otra persona se comporta, y si necesitan ejercer ese control para sentirse felices significa que tienen serios problemas.

Tu felicidad no depende de lo que hagan los demás

Tu felicidad no depende de lo que hagan los demás, sino de tu equilibrio vibratorio. La felicidad de otros no depende de ti, sino de su equilibrio vibratorio, pues la forma en que uno se siente, en todo momento, depende única y exclusivamente de *su* combinación de Energías. La forma en que tú te sientes es simple y claramente el indicador del equilibrio vibratorio entre tus deseos y tus vibraciones, que emites desde tu punto de vista.

No existe en el Universo nada más importante para ti que saber que la vibración que emites coincide con la vibración de tus deseos, y la forma en que te sientes te indica si permites que se produzca tu conexión con la Fuente o no. Todo sentimiento positivo, toda creación positiva, toda tu riqueza, claridad, salud, vitalidad y Bienestar, en suma, todas las cosas que consideras benéficas, dependen de la forma en que te sientes ahora mismo y la relación que esa sensación-vibración guarda con la vibración de quien eres y lo que deseas.

Cada pensamiento te aproxima o aleja de San Diego

Al igual que te resulta sencillo prever el éxito de tu viaje desde Phoenix a San Diego, también te resultará sencillo prever el éxito de un viaje que te conduzca de la penuria a la seguridad económica, de la enfermedad a la salud, de la confusión a la claridad... Durante tu viaje de Phoenix a San Diego no te toparás con grandes incógnitas, pues conoces la distancia entre ambas ciudades, sabes en qué punto te hallas del trayecto y sabes que si avanzas en el sentido equivocado no conseguirás alcanzar tu destino. Cuando comprendas cómo funciona tu *Guía Emocional* no volverás a sentirte confundido sobre dónde te encuentras con relación a dónde deseas estar. Asimismo, con cada pensamiento que ofrezcas sentirás si te acercas o te alejas de tu ansiado destino.

Si utilizas otras influencias como guía, te perderás y errarás el camino, porque otros no saben, como sabes tú, la distancia que media entre donde estás y donde deseas estar. Pero aunque los otros no puedan comprender tus deseos, persisten en agregar sus deseos a la mezcla. Por tanto, sólo si prestas atención a cómo te *sientes* podrás guiarte por el buen camino y alcanzar tus metas.

¿Cómo es posible que decir <u>no</u> a algo signifique decir <u>sí</u>?

Tu Universo vibratorio se basa en la *Ley de Atracción*. Esto significa que en tu Universo sólo existe la inclusión. Cuando prestas atención a algo que deseas y dices *sí*, lo incluyes en tu vibración. Pero cuando contemplas algo que no deseas y dices *no*, también lo incluyes en tu vibración. Cuando no le prestas atención, no lo incluyes, pero no puedes excluir nada a lo que le prestes atención, porque al hacerlo lo incluyes siempre en tus vibraciones, sin excepción.

18

Puedes modificar progresivamente tu frecuencia vibratoria

El hecho de que decidas dar con un pensamiento distinto no significa necesariamente que puedas pasar directamente a ese pensamiento ahora mismo, pues la *Ley de Atracción* tiene algo que decir sobre los pensamientos a los que tienes acceso desde donde te encuentras. *Por supuesto, no existe ningún pensamiento al que no puedas acceder con el tiempo —al igual que no existe ningún lugar que no puedas alcanzar con el tiempo desde donde te encuentres—, pero no puedes saltar al instante a un pensamiento que tiene una frecuencia vibratoria muy distinta de los pensamientos en los que sueles centrarte.*

A veces, algún amigo, que en estos momentos se encuentra en una posición en la que se siente más a gusto que tú, te recomendará que dejes de pensar en cosas negativas y elijas pensamientos más positivos. Pero el mero hecho de que tu amigo se halle en una posición en la que se sienta más a gusto no significa que sea capaz de conducirte hasta allí, pues la *Ley de Atracción* no te permite hallar una frecuencia vibratoria ajena a la que estás instalado. Y por más que desees sentirte mejor, posiblemente comprobarás que no puedes hallar el pensamiento gozoso que tu amigo desea que encuentres. Pero nosotros queremos que comprendas que con el tiempo puedes hallar ese pensamiento, y que cuando hayas modificado deliberada y progresivamente tu frecuencia vibratoria conseguirás alcanzar y mantener una posición más positiva.

Cuando compruebes que siempre puedes conocer el contenido vibratorio de tu Ser, y que por tanto siempre puedes ser consciente de cuál es tu punto de atracción, adquirirás un control consciente y creativo de tu propia experiencia. Y cuando comprendas que tus emociones te indican cuál es tu contenido vibratorio, podrás modificar deliberada y progresivamente tus vibraciones.

Concéntrate en el pensamiento más agradable que puedas

Elegir un pensamiento diferente siempre produce una respuesta emocional diferente. Así, podrías decir: «Elegiré deliberadamente pensamientos que hagan que me sienta mejor». Sería una buena decisión. Pero sería una decisión mejor, y más sencilla, decirte: «Deseo sentirme bien, de modo que trataré de sentirme bien eligiendo un pensamiento que me produzca una sensación placentera».

Si decides «ir en pos de tu felicidad» y estás inmerso en una situación vital muy alejada de la felicidad, tu decisión de ir en pos de la felicidad no prosperará porque la *Ley de Atracción* no puede proporcionarte el pensamiento que contenga una diferencia vibratoria tan radical. Pero sí te será fácil poner en práctica la decisión de centrarte en el *pensamiento más agradable al que tengas acceso*. La clave para ascender por la *escala emocional vibratoria* consiste en ser consciente y sensible a la forma en que te sientes, porque si no eres consciente de cómo te sientes, no puedes saber en qué dirección te desplazas por esa escala. (Podrías volverte y emprender el camino de regreso a Phoenix sin darte cuenta.)

Si te paras a analizar conscientemente la emoción que experimentas en estos momentos, y procuras mejorar la forma en que te sientes, avanzarás hacia tu objetivo, mientras que si intensificas la emoción negativa te moverás en la dirección equivocada.

Así, un buen sistema para ascender por esta *escala emocional vibratoria* consiste en tratar siempre de alcanzar la sensación de alivio que experimentas al despojarte de un pensamiento resistente y sustituirlo por otro de aceptación. La Corriente de Bienestar siempre fluye a través de ti, y cuanto más permitas que lo haga, mejor te sentirás. Cuanto más te resistas a ella, peor te sentirás.

19

Sólo tú sabes cómo te sientes

Cuando esperas algo, ese algo se pone en camino. Cuando crees algo, se pone en camino inmediatamente. Cuando temes algo, se pone en camino inmediatamente.

Tu actitud o tu talante siempre apuntan hacia lo se ha puesto en camino, pero nunca te quedas atascado en tu actual punto de atracción. El mero hecho de elegir determinados pensamientos, creencias, actitudes y talantes a lo largo de tu trayectoria física no significa que sigas atrayendo ciertas cosas en respuesta a ellos. Ejerces un control creativo sobre tu experiencia personal. Y, al prestar atención a tu *Guía Emocional*, puedes modificar tu punto de atracción.

Si experimentas ciertas cosas que ya no deseas experimentar, debes modificar tus creencias.

Si hay ciertas cosas que no experimentas y deseas que fluyan hacia tu experiencia, debes modificar tus creencias.

No existen circunstancias tan graves que no puedas modificar eligiendo unos pensamientos distintos. Ahora bien, elegir pensamientos distintos requiere concentración y práctica. Si sigues centrándote en lo mismo, pensando lo mismo y creyendo las mismas cosas, nada cambiará en tu experiencia.

La vida está siempre en movimiento, por lo que no puedes quedarte «atascado»

En ocasiones nuestros amigos físicos dicen: «¡Estoy atascado! Llevo mucho tiempo en esta situación y no consigo salir de ella. ¡Estoy bloqueado!»

Nosotros les explicamos que es imposible quedarse inmóvil o atascado, porque la Energía, y por tanto la vida, es un constante movimiento. Las cosas cambian continuamente.

Pero si tienes la sensación de que estás atascado es porque mientras te centras continuamente en los mismos pensamientos, las cosas cambian, *aunque acaban siendo siempre las mismas.*

Si deseas que las cosas cambien de forma radical, tienes que centrarte en pensamientos distintos. Lo cual requiere tan sólo buscar otros medios de plantearte los temas habituales.

Los demás no pueden comprender tus deseos ni tus sentimientos

Con frecuencia los demás se afanan en ayudarte. Te encuentras con multitud de personas que exponen infinidad de opiniones, normas, exigencias y sugerencias sobre cómo debes plantearte la vida, pero ninguna de ellas es capaz de tener en cuenta lo único importante a la hora de que alcances tus deseos: *Los demás no conocen el contenido vibratorio de tus deseos y no conocen el contenido vibratorio de quién eres, por lo que no están capacitados para orientarte. Por más que obren de buena fe y deseen tu Bienestar, no lo conocen. Y aunque muchos tratan de no ser egoístas, es imposible que separen lo que desean para ti de lo que desean para ellos mismos.*

Nadie sabe mejor que tú lo que te conviene

Cuando recuerdas que al pedir alguien algo siempre se le concede, ¿no sientes la perfección de un medio en el que cada perspectiva específica tiene la facultad de elegir?

Imagina que quieres asistir a un seminario de *Abraham-Hicks* destinado a enseñarte el *Arte de Permitir*. Sabes cuándo y dónde se celebrará y has organizado tu agenda para asistir a él. Así pues, tomas, con relativa facilidad, todas las decisiones que te convienen.

Examinas la lista de aproximadamente 50 cursillos que van a celebrarse el año que viene y eliges la fecha y el lugar que más te conviene. Observas que se celebrará un seminario en la ciudad donde vives, pero la fecha coincide con algo que habías planeado hacer, de modo que buscas una alternativa, alguna fecha en las que no tengas ningún compromiso, un seminario que se ajuste a esas fechas y compruebas que se celebrará uno en una ciudad que siempre has deseado visitar. De modo que llamas a Abraham-Hicks Publications y adquieres una entrada para asistir al seminario.

Puesto que no vives en la ciudad donde va a celebrarse, tienes que reservar alojamiento en un hotel y un medio de transporte para dirigirte allí. Así pues, teniendo en cuenta tus deseos y necesidades, planificas varias cosas: decides trasladarte en avión debido al factor tiempo y eliges un hotel a pocas manzanas del hotel donde tendrá lugar el seminario porque utilizas con frecuencia esa cadena y te harán un buen precio. (Aparte de que prefieres el tipo de colchón que ofrece esa cadena hotelera.)

Cuando llegas a la ciudad donde va a celebrarse el cursillo, alquilas un coche en tu agencia de alquiler de coches favorita. De camino al hotel, te paras para comer en un restaurante cuya cocina y precios te satisfacen plenamente. Has cuidado cada detalle de tu estancia y prevés que vas a pasar unos días estupendos.

Pero supongamos que los de Abraham-Hicks Publications deciden que, teniendo en cuenta su gran experiencia a la hora de organizar seminarios, están más capacitados que tú para planificar tu estancia. Por consiguiente, basándose en los datos suministrados por los millares de personas que han asistido a sus cursillos, deciden encargarse de todos los detalles de tu estancia.

Teniendo en cuenta el lugar donde vives, suponen que preferirás asistir a un cursillo en tu ciudad, de modo que te apuntan para que asistas a ese cursillo. Pero cuando les explicas que esas fechas tienes otros compromisos, cambian su decisión y te envían un billete para que asistas a un cursillo en la ciudad que prefieras.

Asimismo, cuando deciden qué línea aérea te conviene utilizar, la agencia en la que debes alquilar el coche, el hotel en el que debes alojarte y el restaurante en el que debes comer, sus elecciones no te complacen. Está claro que estás más capacitado para tomar tú mismo esas decisiones.

Si tienes presente que todo lo que uno pide le es concedido, es lógico y maravilloso que tú mismo tomes tus propias decisiones, pues el Universo funciona de forma más eficaz sin intermediarios que intercedan por ti. Nadie sabe mejor que tú lo que debes hacer. Tú sabes, en todo momento, lo que te conviene.

20

Tratar de coartar la libertad de otro te cuesta siempre tu propia libertad

Sí, cuando pides algo siempre se te concede, pero es preciso que alcances una armonía vibratoria con lo que pides antes de poder atraerlo hacia tu experiencia. Si muchas personas no recuerdan o no creen que todas sus peticiones serán atendidas es porque no son conscientes de lo que hacen desde el punto de vista vibratorio. No llevan a cabo una conexión *consciente* entre sus pensamientos, las sensaciones que esos pensamientos suscitan y las manifestaciones que se producen. Y sin esa conexión consciente, no puedes saber dónde te hallas con respecto a lo que deseas.

Cuando sabes que deseas algo y te das cuenta de que no lo tienes, das por supuesto que algo ajeno a ti te impide alcanzarlo, pero no es así. Lo único que te impide alcanzar lo que deseas es que tus pensamientos habituales son distintos de lo que deseas.

Cuando seas consciente del poder de tus pensamientos y de tu capacidad para permitir que lo que deseas fluya hacia tu experiencia, asumirás el control creativo de tu experiencia. Pero si te centras predominantemente en los *resultados* de los pensamientos que tienes en lugar de *sentir* lo que piensas, es fácil que extravíes el *camino*.

Toda «realidad» existe porque alguien se ha concentrado en ella

En ocasiones la gente nos dice: «Pero, Abraham, yo te cuento las cosas como son. Me limito a afrontar la realidad de la situación». Y nosotros respondemos que aprendiste a afrontar la realidad antes de saber que estabas creándola... No afrontas la realidad a menos que exista una realidad que desees crear, pues toda «realidad» existe porque alguien se concentra en ella.

A veces nos dicen: «Pero esto es una realidad, y por tanto merece que le preste atención». Y nosotros decimos que tú creas aquello a lo que prestas atención... tu *Verdad*. Por consiguiente, conviene que te centres ante todo en cómo te sientes al tiempo que prestas escasa atención a las manifestaciones que se van produciendo, pues en la medida en que te concentras principalmente en las cosas tal como son, entorpeces la expansión de lo que existe.

Todas esas estadísticas sobre tus experiencias y las experiencias de los demás se refieren única y exclusivamente a la forma en que alguien ha emitido una corriente de Energía. No se refieren a una realidad *presente* pura y dura.

En tu sociedad actual, hay muchas personas que se dedican a recabar estadísticas sobre la experiencia humana. Se pasan la vida comparando experiencias y catalogándolas de apropiadas o inapropiadas, acertadas o erróneas. Sopesan los pros y los contras, las ventajas y desventajas de un tema tras otro, pero rara vez se percatan de que las vibraciones que emiten no les sirven de nada. No son conscientes de su propio poder porque emiten su energía en sentidos opuestos. Sus vidas se reducen a etiquetar la conducta y las experiencias de aquellos con quienes comparten su planeta en lugar de dedicarse a crear.

Por tanto, el hecho de pensar que su felicidad o su Bienestar dependen de la conducta de otros las coloca en una situación muy incómoda. Afirman que ciertas personas, conductas y creencias son inapropiadas, las rechazan categóricamente, sin percatarse de que incluyen en su experiencia la vibración de aquello que no desean.

Así, sin comprender cómo esas cosas indeseadas han fluido hacia su experiencia, se convierten en personas extremadamente recelosas y temerosas.

Lo no deseado no fluye hacia tu experiencia de forma espontánea

Es imposible liberarte del temor de experimentar algo indeseado tratando de controlar la conducta o los deseos de los demás. Sólo puedes alcanzar tu libertad ajustando tu punto de atracción vibratorio.

Sin conocer la *Ley de Atracción* y sin ser consciente de lo que haces con tu punto de atracción vibratorio, es comprensible que trates de controlar las circunstancias que te rodean. Pero no puedes controlar las múltiples circunstancias que te rodean. Ahora bien, cuando conozcas la *Ley de Atracción* y seas consciente de la sensación que te producen tus pensamientos, no volverás a temer que algo indeseado aparezca en tu experiencia. Entenderás que lo indeseado no fluye hacia tu experiencia de forma espontánea. Puesto que no existe una aseveración en este Universo basado en la atracción, si *no* alcanzas una armonía vibratoria con él, éste no puede corresponderse contigo; y a menos que alcances una armonía vibratoria con él, éste no se corresponderá contigo.

Incluso los más pequeños de entre vosotros, vuestros bebés, emiten vibraciones a las que el Universo responde. Y, al igual que vosotros, vuestros bebés están influidos por las vibraciones de quienes les rodean, lo cual no obsta para que creen su propia realidad. Al igual que vosotros, no emprendieron la creación de su vida al encarnarse en este cuerpo, sino que pusieron en marcha esta experiencia vital que viven en estos momentos mucho antes de su nacimiento físico.

El argumento más contundente que oímos de nuestros amigos físicos que desean comprender su relación con lo No Físico y el porqué están aquí, viviendo y creando, es: «¿Pero cómo es posible que este bebé que apenas ha aprendido nada sobre nuestro mundo físico sea responsable de crear su propia vida?» Nosotros queremos que entendáis que este bebé está perfectamente capacitado para desarrollar su vida en vuestro medio porque, al igual que vosotros, ha nacido dotado de una *Guía Emocional* que le ayudará a abrirse camino.

Esos bebés, al igual que vosotros, se incorporaron entusiasmados a vuestra realidad tiempo-espacio, con el anhelo de gozar de la oportunidad de tomar continuamente nuevas decisiones y alinearse con la Energía de su Fuente. No os preocupéis por ellos, ni por nadie. El Bienestar está a la orden del día en este Universo, independientemente del punto de vista en el que te halles en estos momentos.

Recuerda que tus emociones te indican todo lo que precisas saber sobre tu conexión con la Fuente de Energía. Te indican cuánta Energía invocas en respuesta al deseo en el que te has centrado, y también te indican si en este momento de pensamiento y emoción estás alineado en sentido vibratorio con tu deseo.

¿Fue debido a la velocidad o al árbol?

Si conduces un vehículo a 150 kilómetros por hora y te estrellas contra un árbol sufres un accidente muy serio. Ahora bien, si te estrellas contra ese árbol mientras conduces tan sólo a 15 kilómetros por hora, el resultado será muy distinto. Considera la velocidad de tu vehículo como el poder de tu deseo. Dicho de otro modo, cuanto más ansías algo o cuanto más tiempo llevas deseando algo, más rápidamente se desplazará la Energía. El árbol, en nuestra analogía, representa la resistencia, o los pensamientos contradictorios, que están presentes.

No es agradable estrellarse contra un árbol y tampoco lo es tener deseos muy potentes rodeados de una gran resistencia. Algunos tratan de remediar el desequilibrio aminorando la velocidad de su vehículo. Es decir, niegan su deseo o tratan de renunciar a él, y en ocasiones consiguen, con gran esfuerzo, desactivar en cierta medida la potencia de su deseo, pero el mejor remedio consiste sin duda en reducir el nivel de resistencia.

Tu deseo es la consecuencia natural del contraste en el que estás inmerso. Todo el Universo existe con el fin de inspirar el siguiente deseo. Por tanto, tratar de evitar tus deseos equivale a moverte en sentido contrario al de las Fuerzas Universales. Y aunque seas capaz de reprimir de vez de cuando un deseo, continuamente nacen en ti otros nuevos, pues te has encarnado en este cuerpo y has venido a este medio lleno de maravillosos contrastes con el claro propósito de concentrar la Energía que crea mundos a través de la poderosa lente de *tu* perspectiva. Así pues, no existe nada más natural en el Universo que *tus* continuos deseos.

Detrás de cada deseo se oculta el deseo de sentirse bien

Cuando alguien desea algo es porque cree que si lo consigue se sentirá mejor. Tanto si se trata de un objeto material, un estado de ánimo físico, una relación, una condición o una circunstancia, en el fondo de cada deseo se oculta la voluntad de sentirse bien. Por consiguiente, el éxito en la vida no se mide por los objetos o el dinero, sino por el cúmulo de dicha que uno siente.

La base de la vida es la libertad y el resultado de la vida es la expansión, pero el propósito de tu vida es la dicha. Por ese motivo el acontecimiento principal nunca es la manifestación, sino cómo te sientes en ese momento. Dicho de otro modo, has venido a este ámbito físico de contraste para definir lo que deseas, para conectar con la Energía que crea mundos y para hacer que ésta fluya hacia los objetos de tu atención, no porque los objetos de tu atención sean importantes, sino porque el acto de hacer que fluya esa Energía es esencial para la vida.

En tu apreciación, no ofreces resistencia

Recuerda que eres una extensión de la Fuente de Energía y que cuando permites que se produzca la conexión con tu Fuente, te sientes bien, y cuando impides que se produzca esa conexión, te sientes menos bien. Eres energía pura y positiva. Eres amor. Esperas que ocurran cosas beneficiosas. Te respetas y te amas. Respetas y amas a los demás y posees una inclinación innata a apreciar las cosas.

La apreciación y la autoestima son los aspectos más importantes que debes cultivar. *No existe nada en todo el Universo que armonice más con la Fuente de Energía que las vibraciones que emites cuando aprecias a los demás y a ti mismo.*

Cuando te concentras en algo que aprecias, y puesto que la elección de pensamiento en ese momento se asemeja a quien eres en tanto que Fuente de Energía, no existe contradicción alguna en tu Energía. En esos momentos de apreciación, no ofreces resistencia con respecto a quien eres, por lo que tus indicadores emocionales indican amor, alegría y el sentimiento de apreciación. Te sientes magníficamente bien.

Pero si criticas a alguien o hallas algún defecto en ti no te sentirás bien, porque la vibración de ese pensamiento de crítica es muy distinto del de tu Fuente. Dicho de otro modo, puesto que has elegido un pensamiento que no coincide con quien eres, en ese momento sientes una discordancia a través de tus emociones.

Si tu abuela, que te adora y aprecia, te dice que eres maravilloso, el motivo de que esas palabras hagan que te sientas bien es porque así te centras en la forma en que conectas con quien eres. Pero si un profesor o un amigo te reprenden por algún acto que has cometido, te sientes mal porque te han inducido a pensar en algo que no coincide con quien eres.

Tus emociones te indican, en todo momento, si permites que se produzca la conexión con quien eres o no. Cuando permites que se produzca esa conexión, te sientes feliz. Cuando impides que se produzca, te sientes mal.

Debes ser lo suficientemente egoísta para alinearte con el Bienestar

De vez en cuando surge alguien que nos acusa de enseñar a la gente a ser egoísta. Estamos de acuerdo. Es cierto que enseñamos a la gente a ser egoísta, porque si uno no es lo bastante egoísta para alinearse deliberadamente con la Energía de su Fuente no tiene nada que ofrecer.

Algunos se lamentan: «Si consigo egoístamente lo que deseo, ¿no estaré quitándoselo de manera injusta a los demás?» Esa inquietud se basa en la idea equivocada de que existe una cantidad limitada de abundancia. Algunos se preocupan de que si toman una porción demasiado grande de la tarta, otros se quedarán sin, cuando, en realidad, *la tarta se expande en proporción a las peticiones vibratorias de todos vosotros.*

No se te ocurriría decir: «Me siento culpable por la abundante salud de la que he gozado, de modo que he decidido pasarme dos años enfermo para permitir que alguien que ha estado enfermo se beneficie de mi cuota de salud». Entiendes que por el hecho de estar sano no privas a nadie de esa misma experiencia.

Algunos temen que una persona egoísta trate de perjudicar a otra intencionadamente, pero es imposible que alguien conectado con la Fuente de Energía desee perjudicar a otra persona, pues esas vibraciones son incompatibles.

Algunos dicen: «He visto una película sobre un asesino en serie y parecía deleitarse con sus crímenes. No mostraba el menor arrepentimiento. Decía que gozaba con lo que hacía». Pero tú no puedes saber con exactitud lo que siente. Experimentas tus emociones en función de la relación entre tu deseo y tu presente estado anímico con respecto al tema, pero no puedes sentir las emociones de ese individuo. Te prometemos solemnemente que nadie que esté conectado con la Fuente de Energía lastimaría jamás a otro. Las personas se comportan de forma agresiva como autodefensa, o porque se sienten desconectadas, pero nunca cuando se hallan conectadas con la Fuente de Energía. Debes comprender que el acto último de egoísmo es conectarte con tu Ser. Cuando lo haces, te conviertes en una Energía pura y positiva encarnada en este cuerpo físico.

Si todas las personas en tu planeta estuvieran conectadas con su Fuente de Energía no habría crímenes, porque no habría envidias, inseguridad o sentimientos negativos de rivalidad. Si todo el mundo conociera el poder de su propio Ser, nadie trataría de controlar a los demás. Tus sentimientos de inseguridad y de odio se deben al hecho de que no estás conectado con tu Ser. Tu conexión (egoísta) con el Bienestar sólo puede aportarte Bienestar.

Lo que es más importante, queremos que entiendas que no es necesario que todos los demás *(ni nadie más)* comprendan lo que tú estás aprendiendo en este libro para que vivas una experiencia maravillosa. Cuando comprendas quién eres y procures deliberadamente centrarte en pensamientos que propicien una armonía vibratoria con quien eres, tu mundo se alineará también y el Bienestar aparecerá en todos los ámbitos de tu experiencia.

Si no lo esperas, no permites que se produzca

Recuerda que cada emoción indica la cantidad de Energía que movilizas en función de tu deseo y la cantidad de esa Energía que permites que fluya hacia tu deseo gracias a los pensamientos y las creencias predominantes que mantienes en ese momento con respecto a lo que deseas. Si sientes una emoción intensa, al margen de que sea positiva o negativa, significa que tu deseo es muy potente y que permites que fluya una gran cantidad de Energía hacia tu deseo. Cuando tus emociones intensas te producen malestar —como la depresión, el temor o la ira—, significa que te resistes a tus deseos. Cuando tus emociones intensas te producen bienestar —como la pasión, el entusiasmo o el amor—, significa que no te resistes a tus deseos, de modo que la Energía que invocas a través de tu deseo no encuentra resistencia vibratoria por tu parte y permites que tu deseo fructifique.

Así pues, es obvio que la situación creativa perfecta consiste en desear intensamente algo que crees que es posible. Cuando esa combinación de deseo y creencia está presente en ti, las cosas se desarrollan rápida y fácilmente en tu experiencia. Pero cuando deseas algo que *no* crees que sea posible, cuando deseas algo que *no* esperas —si bien un deseo muy potente puede contrarrestar la falta de convicción—, no fructifica con facilidad, pues no permites que fluya hacia tu presente experiencia.

La sensación de deseo puro hace que te sientas bien

Lamentablemente, muchas personas equiparan la incómoda sensación de desear algo que no confían en alcanzar con la sensación de deseo; no reconocen la sensación de deseo puro como la sensación fresca y excitante de expectativa que experimentaban cuando eran jóvenes. La sensación de deseo puro siempre es deliciosa, pues representa las vibraciones que se extienden hacia el futuro invisible y preparan el camino para que la *Ley de Atracción* lo organice todo a tu favor.

La *Creación Deliberada* se basa en la importancia de reconocer tus emociones y realizar un esfuerzo *consciente* para ofrecer pensamientos destinados a producir deliberadamente emociones más placenteras. El *Arte de Permitir* se basa también en esta premisa.

¿Por qué deseas estar allí?

A veces una persona dice: «No soy feliz en la situación en la que me encuentro. Preferiría encontrarme en una situación en la que mi cuerpo no estuviera enfermo, no estuviera gorda, tuviera más dinero o una relación más satisfactoria».

Y nosotros preguntamos: «¿Por qué deseas estar allí?»

Con frecuencia la respuesta es: «Porque no me siento a gusto en la situación en la que me encuentro».

Nosotros les explicamos que conviene aclarar a qué nos referimos con «estar allí» y tratar de «sentir» lo que significa «estar allí». En tanto una persona hable, y sienta, lo que significa «estar aquí», es imposible que llegue «allí».

Si estás acostumbrado a pensar y hablar sobre la situación en la que te hallas, no es fácil cambiar de pronto tus vibraciones y empezar a pensar y sentir algo muy distinto. De hecho, la *Ley de Atracción* dice que no tienes acceso a pensamientos y sentimientos que estén muy alejados del punto en el que has estado vibrando recientemente, pero con esfuerzo puedes hallar otros pensamientos. Si estás decidido a sentirte mejor, puedes cambiar de tema y encontrar otros pensamientos que te produzcan vibraciones más agradables. Ese cambio en el sentido vibratorio suele ser un proceso paulatino.

El persistente intento de cambiar de registro vibratorio, en claro desafío a la *Ley de Atracción*, constituye un factor decisivo en la sensación de desánimo que hace que algunos lleguen a la conclusión de que no ejercen ningún control sobre sus experiencias vitales.

21

Estás sólo a 17 segundos de los 68 que te faltan para satisfacer tu deseo

Basta que centres tu atención unos segundos en una cuestión para que se active en ti la vibración por ella, y de inmediato la *Ley de Atracción* comenzará a responder a esa activación. Cuanto más tiempo prestes atención a determinada cuestión, más fácil te resultará seguir centrado en ella, porque atraes, a través de la *Ley de Atracción*, otros pensamientos o vibraciones que son la esencia de lo que estás pensando.

Al cabo de 17 segundos de permanecer centrado en un pensamiento, se activa una vibración que se corresponde con ese pensamiento. A medida que tu concentración se haga más intensa y la vibración más clara, la *Ley de Atracción* te aportará otros pensamientos que coincidirán con la cuestión en la que estás concentrado. En este punto, la vibración no tiene un gran poder de atracción, pero si permaneces concentrado más tiempo, el poder de la vibración se hará más potente. Y si consigues permanecer concentrado en un pensamiento durante tan sólo 68 segundos, la vibración será lo suficientemente intensa para que empiece a manifestarse.

Cuando te concentras reiteradamente en un pensamiento puro y lo mantienes como mínimo durante 68 segundos, al cabo de un breve espacio de tiempo (en algunos casos horas, en otros días), ese pensamiento se convierte en un pensamiento dominante. Y cuando alcanzas un pensamiento dominante, experimentas sus manifestaciones correspondientes hasta que cambias de pensamiento.

Recuerda que:

* Los pensamientos en los que te centras equivalen a tu punto de atracción.
* Obtienes aquello en lo que piensas, te guste o no.
* Tus pensamientos equivalen a vibraciones y la *Ley de Atracción* responde a esas vibraciones.
* A medida que tu vibración se expande y se hace más poderosa, acaba siéndolo lo suficiente para que se manifieste.
* Dicho de otro modo, lo que piensas (y por tanto sientes) y lo que se manifiesta en tu experiencia coinciden siempre a nivel vibratorio.

No debes temer tus pensamientos incontrolados

Cuando la *Ley de Atracción* es comprendida y aceptada (lo cual no suele llevar mucho tiempo, ya que no existe en tu medio la menor prueba que la rebata), muchas personas se sienten inicialmente incómodas con sus pensamientos. Cuando entienden el poder de la *Ley de Atracción* y comienzan a analizar el contenido de su mente, en ocasiones les preocupa el potencial de lo que pueden atraer a través de sus pensamientos incontrolados. Pero no hay motivo para que te preocupen tus pensamientos, pues no se trata de un rifle cargado capaz de provocar una instantánea destrucción masiva. Aunque la *Ley de Atracción* es muy poderosa, la base de tu experiencia es el Bienestar. Y aunque tus pensamientos son magnéticos y se expanden en función de la atención que les prestas, dispones de tiempo suficiente —desde el momento en que te percatas de cualquier pensamiento negativo— para optar por otros pensamientos menos resistentes que te proporcionen resultados más apetecibles.

Recuerda que puedes favorecer o entorpecer en mayor o menor grado tu alineación con el Bienestar, pero la Corriente de Bienestar siempre fluye. Por consiguiente, hasta un mínimo esfuerzo destinado a elegir un pensamiento más agradable te proporcionará resultados positivos. Y cuado des ese paso y encuentres ese pensamiento agradable, te habrás concedido conscientemente la libertad para pasar de la situación en que te halles, en cualquier aspecto, a la situación en la que desees estar. *Cuando elijas deliberadamente un pensamiento y sientas de manera consciente la mejoría en la forma en que sientes, habrás utilizado con éxito tu Guía Emocional y emprendido el camino hacia la libertad que deseas y mereces, pues no hay nada que no puedas ser, hacer o tener.*

22

Los distintos grados de la escala de tu Guía Emocional

Cabe decir que cada emoción emite una frecuencia vibratoria distinta, pero sería más exacto decir: Tus emociones son *indicadores* de tu frecuencia vibratoria. Cuando tengas en cuenta que tus emociones indican tu grado de alineación con la Fuente de Energía y que cuanto mejor te sientes más favorecerás tu alineación con las cosas que deseas, comprenderás sin mayores problemas cómo debes responder a tus emociones.

Una alineación perfecta con tu Fuente de Energía significa que sabes que:

- Eres libre.
- Eres poderoso.
- Eres bueno.
- Eres amor.
- Eres valioso.
- Tienes un propósito.
- Todo está bien.

Te alineas con quien eres cuando te centras en los pensamientos que te permiten conocer tu auténtica naturaleza, pues entonces te hallas en un estado de alineación absoluta. Y la sensación que te producen esos pensamientos constituye la emoción última de la conexión. Para retomar la analogía con el indicador de combustible de un vehículo, ese estado de alineación equivale a un depósito lleno. Dicho de otro modo, imagina un indicador o una escala graduada que indica tu mayor disposición (depósito lleno) a permitir tu alineación con la Fuente de Energía y tu menor disposición o resistencia (depósito vacío) a alinearte con tu Fuente de Energía.

Podemos describir así tu escala de emociones:

1. Alegría/Conocimiento/Poder Personal/Libertad/Amor/Gratitud
2. Pasión
3. Entusiasmo/Ilusión/Felicidad
4. Expectativas Positivas/Creencia
5. Optimismo
6. Esperanza
7. Satisfacción
8. Aburrimiento
9. Pesimismo
10. Frustración/Irritación/Impaciencia
11. Agobio
12. Decepción
13. Dudas
14. Inquietud
15. Culpabilidad
16. Desánimo
17. Ira
18. Venganza
19. Odio/Rabia
20. Celos
21. Inseguridad/ Remordimientos/Falta de autoestima
22. Temor/Desconsuelo/Depresión/Desesperación/Impotencia

Puesto que a menudo se utilizan las mismas palabras para describir cosas distintas o se utilizan distintas palabras para describir las mismas cosas, estas palabras para etiquetar tus emociones no se ajustan exactamente a cada persona que sienta determinada emoción.

Es más, el hecho de etiquetar las emociones con palabras puede confundirte y distraerte del auténtico propósito de tu *Guía Emocional.*

Lo importante es que trates conscientemente de mejorar la forma en que te sientes. La palabra que describa lo que sientes es lo de menos.

Un ejemplo de cómo ascender conscientemente en la escala de tu Guía Emocional

En tu experiencia ha ocurrido algo que hace que te sientas fatal. Nada te satisface, nada te parece bien, tienes la sensación de que te asfixias y cada pensamiento es tan doloroso como el anterior. La mejor palabra para describir el estado emocional más frecuente en ti es «depresión».

Si pudieras tomar la iniciativa posiblemente te sentirías mejor; si pudieras eliminar de tu mente lo que te preocupa y centrarte en tu trabajo, te sentirías mejor. Podrías centrarte en muchos pensamientos que te librarían de la depresión. Ahora bien, en estos momentos, desde el punto de vista vibratorio, no tienes acceso a buena parte de ellos. Pero si estás decidido a dar con un pensamiento, cualquier pensamiento, que te haga sentir mejor y eres consciente de la sensación que te producirá ese pensamiento, puedes empezar a ascender de inmediato por la escala de tu *Guía Emocional.* Se trata de un sistema que consiste en centrarte en un pensamiento, cualquier pensamiento, y valorar de manera consciente si ese nuevo pensamiento te proporciona una sensación de alivio del malestar que padecías anteriormente. Así pues, piensas y sientes y piensas y sientes con un único propósito: experimentar siquiera un pequeño alivio.

Pongamos que alguien te ha dicho algo que te ha enojado, o que alguien no ha cumplido su palabra. Cuando te centras en este desagradable tema, notas que sientes cierto alivio de tu depresión. Dicho de otro modo, pese a la ira que te invade cuando te centras en este pensamiento, ya no te cuesta respirar. La sensación de claustrofobia ha remitido y te sientes mejor.

Ahora bien, el paso crucial consiste en utilizar de manera eficaz tu *Guía Emocional:* detenerte y reconocer conscientemente que el pensamiento de ira que has elegido hace que te sientas mejor que la asfixiante depresión que ha sustituido. En el reconocimiento consciente de que tu vibración ha mejorado, tu sentimiento de impotencia disminuye y comienzas a ascender en la escala de tu *Guía Emocional*, para conectarte de nuevo con la persona que eres.

¿Por qué se empeñan en impedir que sienta este grato sentimiento de ira?

En muchos casos, a partir de una vibración muy resistente como la depresión o el temor, descubres instintivamente, o incluso inconscientemente, que el pensamiento de ira alivia tu malestar. Pero como muchas personas te han convencido de que la ira es un sentimiento negativo —no están dentro de ti, así que no pueden experimentar la mejoría que te produce tu pensamiento de ira—, por lo general te aconsejan que no alimentes la ira... para dejar que caigas de nuevo en tu anterior estado depresivo. Pero si sabes de manera consciente que has elegido un pensamiento de ira y que éste te aporta una sensación de alivio, sabes que puedes pasar del pensamiento de ira a un pensamiento menos resistente como el de frustración, y ascender en la escala de tu *Guía Emocional* para volver a alinearte con tu Fuente de Bienestar.

Por qué hasta la más leve mejoría tiene una gran importancia

Cuando eres consciente de dónde te encuentras y sabes dónde deseas estar, y tienes los medios para saber si te diriges allí o no, nada puede impedirte que llegues. La supuesta falta de control sobre tu experiencia vital se debe sobre todo a que no sabes hacia dónde te diriges. Si no comprendes de manera consciente tus emociones y lo que significan, a menudo te alejas del lugar donde deseas estar.

Existen muchas palabras para describir las emociones, pero en rigor existen tan sólo dos emociones: La que hace que te sientas bien y la que hace que te sientas mal. Cada grado a lo largo de la escala emocional indica tan sólo la medida en que permites que fluya a través de ti la poderosa, pura y positiva Fuente de Energía. El estado de conexión total, que te produce una sensación de alegría, amor, apreciación, libertad o conocimiento, invoca tu sensación de poder personal. Y el estado de máxima desconexión, que te produce la sensación de desesperación, dolor, temor o depresión, propicia tu sensación de falta de poder personal.

El que seas capaz de alcanzar siquiera una pequeña mejoría en tu estado tiene una gran importancia, pues incluso una mínima mejoría emocional puede hacer que recuperes en cierta medida el control. Y aunque no hayas ejercido todo tu control para volver a conectarte con tu poder personal, ya no te sientes impotente. Así pues, ahora no sólo puedes volver a ascender por tu escala emocional, sino que te resulta relativamente sencillo.

Sólo tú sabes si te conviene optar por la ira

Si una persona que padece una grave depresión pudiera descubrir de manera consciente el alivio que le produciría un pensamiento de ira y, lo que es más importante, si pudiera reconocer que *ha elegido a propósito* ese pensamiento de ira, recuperaría de inmediato la sensación de poder personal y su depresión remitiría. Ahora bien, es importante que no permanezca sumida en la ira. Pero desde esa posición de ira podrá acceder a los pensamientos menos resistentes de frustración.

Muchos no comprenden todavía el contenido vibratorio de las emociones (ni en qué consiste una emoción ni su razón de ser) y por eso desaconsejan con gran contundencia la proyección de ira. Por lo general, a las personas no les gustar estar en presencia de alguien que está enojado, y la mayoría de ellas preferiría egoístamente que la persona enojada vuelva a su anterior estado depresivo, porque la depresión es un estado de ánimo que suele proyectarse hacia dentro, mientras que la ira suele proyectarse hacia fuera, contra la persona que está más próxima.

Los demás no saben si el pensamiento de ira que has elegido te aporta una mejoría o no; sólo tú sabes —por el alivio que te ofrece— si has acertado al optar por un determinado pensamiento. Hasta que no decidas guiarte por la forma en que te sientes, no conseguirás avanzar sistemáticamente hacia tus deseos.

«Hago lo que puedo por mejorar mi situación»

Las personas que te observan tal vez se sentirían aliviadas si supieran que no te propones permanecer en tu actual estado de ira. Si supieran que te has trazado un ambicioso plan consistente en superar tu ira, tu frustración y tu agobio para pasar al optimismo, a la creencia y seguir ascendiendo por la escala emocional hasta comprender que todo está bien, quizá se mostrarían más pacientes con tu actual estado anímico.

Muchas personas se alejan de forma natural de la sensación de impotencia que produce la depresión o el temor para sumergirse en la ira como un mecanismo de supervivencia, pero cuando se topan con la intensa desaprobación de la familia, los amigos y los consejeros, por lo nocivo de su ira, vuelven a caer en una sensación de impotencia y el ciclo se repite una y otra vez: de la depresión a la ira, de la depresión a la ira, de la depresión a la ira...

La clave para recuperar tu maravillosa sensación de poder personal y control es tomar ahora mismo la decisión, al margen de lo bien o mal que te sientas, de esforzarte en mejorar tu situación. Procura centrarte en el pensamiento que te produzca una sensación más placentera en estos momentos, y a medida que lo hagas reiteradamente, al cabo de poco tiempo te sentirás estupendamente. ¡Te lo aseguramos!

«Si consigo llegar allí emocionalmente, puedo llegar adonde sea»

«Voy a tratar de centrarme ahora mismo en el pensamiento que me produzca una sensación más placentera. Voy a procurar sentirme mucho mejor, mucho mejor, mucho mejor.»

Recuerda que:

- La rabia te ofrece una sensación de alivio de la depresión, el dolor, la desesperación, el temor, el sentimiento de culpa o de impotencia.
- La venganza te ofrece una sensación de alivio de la rabia.
- La ira te ofrece una sensación de alivio de la venganza.
- La culpabilidad te da una sensación de alivio de la ira.
- El agobio te ofrece una sensación de alivio del sentimiento de culpa.
- La irritación te ofrece una sensación de alivio del agobio.
- El pesimismo te ofrece una sensación de alivio de la irritación.
- La esperanza te ofrece una sensación de alivio del pesimismo.
- El optimismo te ofrece una sensación de alivio de la esperanza.
- Las expectativas positivas te ofrecen una sensación de alivio del optimismo.
- La alegría te ofrece una sensación de alivio de las expectativas positivas.

Con el tiempo y la práctica llegarás a comprender lo que tu *Guía Emocional* te indica. Cuando hayas tomado la decisión de tratar siempre de experimentar la sensación de alivio que te aporta una emoción mejorada, te sentirás bien la mayor parte del tiempo, y dejarás que todas las cosas que deseas fluyan hacia tu experiencia.

Es necesario que prestes atención a cómo te sientes para comprender todo lo que te sucede. La forma en que te sientes —y la sensación de alivio que descubres al centrarte en pensamientos más agradables— es tu única pauta con respecto a lo que atraes a tu experiencia.

«Pero ¿y los que desean no desear?»

Nosotros describimos la sensación de *deseo* como el ser deliciosamente consciente de nuevas posibilidades. El deseo es la sensación fresca y estimulante de esperar que se produzca una maravillosa expansión. La sensación de *deseo* equivale a la sensación de que la vida fluya a través de ti. Pero muchas personas, cuando utilizan la palabra *deseo* sienten algo muy distinto. Para ellas, el *deseo* se resume en el ansia de desear algo, porque es cierto que se concentran en algo que desean experimentar o tener, pero al mismo tiempo son conscientes de su ausencia. Por consiguiente, aunque utilizan *palabras de deseo*, ofrecen una *vibración de la ausencia* de *lo que desean*. Piensan que la sensación de deseo es ambicionar algo que no tienen. Pero el deseo puro no encierra una sensación de ausencia.

Por tanto, si tienes presente que cada vez que formulas una petición siempre es atendida, cada uno de tus deseos será un deseo puro que no ofrecerá resistencia.

Muchas personas desean cosas que en estos momento no viven plenamente, y en algunos casos llevan mucho tiempo deseándolas. Por tanto, piensan en lo que desean y luego piensan en que no lo tienen. Al cabo del tiempo, llegan a la conclusión de que la forma en que se sienten (cuando piensan en lo que desean y son conscientes de que no lo tienen, pero no saben cómo conseguirlo) equivale a la sensación que produce el desear algo. Pero no se hallan en un estado de deseo puro, sino en un estado de resistencia al deseo. Con frecuencia su vibración se refiere a la falta o ausencia de lo que desean más que a su deseo.

Sin que se percaten de ello, sus vibraciones les mantienen alejados de sus deseos, de forma que al cabo del tiempo llegan a convencerse de que la sensación machacona e ingrata que les produce no conseguir lo que quieren la produce el propio *deseo*.

Algunas personas nos dicen: «Abraham, a mí me han enseñado que no conviene que tenga deseos. Me han enseñado que el estado de desear me impedirá convertirme en el Ser espiritual que debo ser y que mi estado de felicidad depende de mi facultad de despojarme de todos mis deseos». Nosotros respondemos: «*¿Pero acaso tu estado de felicidad o tu estado de espiritualidad no es un deseo?*»

No estamos aquí para guiarte hacia un deseo o desviarte de él. Nuestra misión consiste en ayudarte a comprender que eres el creador de tu propia experiencia y que tus deseos nacen de forma natural de tu experiencia en este medio, en este cuerpo. Deseamos ayudarte a alcanzar una alineación perfecta con la Fuente, a fin de que puedas crear tus deseos.

Entendemos por qué algunos te dicen que si te despojas de tus deseos te sentirás mejor, porque la emoción negativa que sientes se debe a la diferencia vibratoria entre tu presente vibración y la vibración de tu deseo. Pero despojarse de los deseos es un proceso muy duro para alcanzar la alineación, porque todo el Universo está dispuesto a ayudarte a generar un nuevo deseo. Así pues, el sistema más sencillo de alinearte con tu Fuente, y de esta forma sentirte mejor, es tratar de despojarte de tu resistencia.

¿Crees que tu deseo es lógicamente el siguiente paso?

Tu capacidad de imaginar contribuirá a que se produzcan más rápidamente los siguientes y lógicos pasos. Puedes descifrar los pormenores en tu imaginación; no tienes que construir cosas insignificantes e importantes, puedes hacerlo todo mentalmente. No nos referimos al paso siguiente y lógico «de acción». Nos referimos a que utilices tu imaginación hasta que tu gran sueño te resulte tan familiar que su manifestación se convierta, lógicamente, en el siguiente paso.

Por ejemplo, una madre y su hija adulta piensan en adquirir una bonita casa en una elegante zona y crear un magnífico hotelito con derecho a alojamiento y desayuno. La hija dice a su madre: «Si hallamos el medio de conseguirlo, me sentiré feliz el resto de mi vida. Hacerlo realidad me resarcirá de todas las cosas que he deseado y no he conseguido».

Nosotros le explicamos que la vibración de su deseo no se hallaba aún en el lugar puro que debía estar para permitir que esta experiencia se manifestara. *Cuando tu deseo es tan ambicioso que te parece inalcanzable, significa que no está maduro para manifestarse. Cuando tu deseo te parece el siguiente y lógico paso, significa que está a punto de manifestarse.*

Cuando controles cómo te sientes, gozarás de toda tu experiencia

La forma en que te *sientes* te indica si tu vibración es la adecuada para permitir que las Fuerzas Universales te proporcionen en estos momentos tu deseo... o no. Con la práctica, sabrás si te hallas a punto de experimentar una manifestación o si ésta se halla aún en la fase de desarrollo, pero, más importante aún, *cuando controles cómo te sientes, gozarás de toda tu experiencia.*

- Gozarás de la variedad y el contraste que te ayudan a identificar tu deseo, y gozarás de la sensación que te produce tu deseo, el cual lanzas desde tu valiosa perspectiva y fluye de ti.
- Gozarás de la sensación de ser consciente cuando tu vibración no se corresponde con la de tu deseo, y gozarás de la sensación de tratar deliberadamente de recuperar la alineación vibratoria con tu deseo.
- Experimentarás una sensación de alivio cuando las dudas se disipen y una sensación de Bienestar las sustituyan.
- Gozarás intuyendo que están a punto de producirse ciertos acontecimientos, gozarás comprobando cómo todo se desarrolla según lo previsto y te deleitarás asistiendo a la manifestación de tus deseos.
- Gozarás siendo consciente de que has moldeado a propósito tus deseos para hacerlos realidad, como si hubieras creado una estatua moldeando con tus propias manos la arcilla.
- Te encantará la sensación que experimentarás al alinearte, una y otra vez, con los frutos de tu experiencia.

El Universo existe para producir en ti nuevos deseos que te darán vida, y cuando sigas la corriente de tus deseos te sentirás auténticamente vivo y vivirás con plenitud.

Una apostilla

Tomaos esto con calma. Tendéis a tomaros la vida demasiado en serio. Debéis plantearos la vida con alegría.

Cuando os observamos creando vuestras vidas, sentimos amor hacia vosotros y apreciación por lo que sois. Sois unos creadores vanguardistas, que seleccionáis lo que os conviene de entre el maravilloso contraste que os ofrece vuestro medio vanguardista, y llegáis a nuevas conclusiones que invocan la Fuerza Vital. No hay palabras para expresar lo valiosos que sois.

Nuestro poderoso deseo es que regreséis a vuestro estado de autoestima. Deseamos que améis vuestra vida, a las personas de vuestro mundo y, ante todo, a vosotros mismos.

Hay aquí mucho amor hacia vosotros.

Y, de momento, hemos terminado.

EN FECHA PRÓXIMA PUBLICAREMOS
EL *CUADERNO DE TRABAJO* DE *PIDE Y SE TE DARÁ* (*N. del E.*)

Glosario

Agobio: El estado de concentrarte simultáneamente en lo que deseas y tu incapacidad de conseguirlo al mismo tiempo.

Alineación vibratoria: Armonía de perspectiva.

Armonía vibratoria: Armonía de perspectiva.

Bienestar: El estado universal de sentirse bien.

Conciencia: Conocimiento.

Conciencia Colectiva: Todos los pensamientos que han sido pensados siguen existiendo. Todos los que perciben tienen acceso a todo cuanto es y ha sido percibido. Este cuerpo de pensamiento se denomina Conciencia Colectiva.

Conciencia de masas: La conciencia colectiva de un numeroso grupo de seres. Por lo general se refiere a la conciencia física de los seres humanos terrestres.

Conexión: Hallarse en una alineación vibratoria con tu Fuente.

Correspondencia vibratoria: Armonía de perspectiva.

Corriente de Bienestar: El flujo vibratorio que se expande eternamente y del que mana todo lo que existe.

Corriente de conciencia: El flujo vibratorio que se expande eternamente y del que mana todo lo que existe.

Corriente de Energía: El flujo de la corriente eléctrica en la que se basa todo lo que existe.

Creación deliberada: Concentrarse en lo que uno desea al tiempo que es consciente de su estado vibratorio y de su conexión con su Fuente.

Creador: El que concentra una Energía Creativa.

Desear: Deseo natural fruto de una experiencia comparativa.

Deseo: El resultado natural de vivir en un medio lleno de contrastes (lo cual incluye a todos los medios).

El Arte de Permitir: El proceso practicado de elegir deliberadamente los temas a los que prestas atención, consciente de la sensación que te produce esa perspectiva. Al elegir deliberadamente pensamientos que te hacen sentir bien, alcanzas una alineación vibratoria con tu Fuente de Bienestar.

Emoción: La respuesta física visceral del cuerpo al estado vibratorio, causado por aquello a lo que prestas atención.

Energía (No Física): La corriente eléctrica en la que se basa todo lo que existe.

Energía Creativa: La corriente eléctrica en la que se basa todo lo que existe.

Esencia: Poseer unas propiedades vibratorias análogas.

Estar predispuesto: Estado vibratorio desprovisto de resistencia y, por consiguiente, alineado con la fuente.

Frecuencia vibratoria: Un estado de vibración.

Fuente: El flujo vibratorio de Bienestar que se expande eternamente y del que mana todo lo que existe.

Fuente de Energía: El flujo vibratorio de Bienestar que se expande eternamente y del que mana todo lo que existe.

Fuerza Vital: La Conciencia Eterna concentrada específicamente.

Fuerza Vital Creativa: La corriente eléctrica en la que se basa todo lo que existe.

Guía Emocional: Conocimiento de tu estado de atracción debido a lo que sientes cuando prestas atención a diversas cosas.

Ley de Atracción: La base de tu mundo, tu Universo y Todo Cuanto Existe. Cosas como las vibraciones se sienten mutuamente atraídas.

Ley de la Creación Deliberada: Concentrarte deliberadamente en unos pensamientos con el fin de sentir que estás alineado con tu deseo.

Leyes: Respuestas eternamente coherentes.

Meditación: El estado de mente aplacado, y por tanto de ausencia de pensamientos resistentes que impiden que te alinees con tu Fuente.

No Físico: La Conciencia Eterna, en la que se basa todo lo físico y todo lo No Físico.

Permitir: El estado de alineación con el Bienestar que fluye de la Fuente. El hecho de concentrar tu atención en cosas que hacen que emitas una vibración que «permite» tu conexión con tu fuente natural de Bienestar. Tolerar es muy distinto de permitir. Tolerar es ver lo que no se desea, sentir las pruebas vibratorias de esa perspectiva, pero no tomar una iniciativa deliberada. Permitir es prestar deliberadamente atención sólo a lo que causa una vibración de alineación con la fuente. Cuando te encuentras en un estado de permitir, siempre te sientes bien.

Primera Línea de pensamiento: Un estado relajado y deliberado de reflexión con el fin de realizar nuevos descubrimientos.

Proceso Creativo: La corriente eléctrica en tanto que base de todo lo que existe, que fluye específicamente hacia cuestiones o ideas.

Punto Fijo Emocional: La emoción practicada con más frecuencia.

Ser (sustantivo): Una fuente de energía concentrada en una determinada perspectiva. El Ser No Físico es una Conciencia que percibe desde una perspectiva No Física. El Ser Físico, o Ser Humano, es una Energía No Física que percibe a través de la perspectiva física.

Ser Interior: La parte Eterna de ti que percibe todo lo que has sido y todo lo que eres en estos momentos. Una perspectiva que tienes siempre al alcance si «permites» que se manifieste.

Sistema de guía: La sensación comparativa de tu estado energético cuado estás alineado con tu fuente o cuando no estás alineado con tu Fuente.

Todo Cuanto Existe: La Fuente de la que todo fluye; y todo cuanto fluye de esa Fuente.

Todo Está Bien: La base de Todo Cuanto Existe es el Bienestar. No existe otra fuente excepto la del Bienestar. Si experimentas algo distinto al Bienestar es porque has elegido una perspectiva que te impide acceder temporalmente al Bienestar natural que fluye incesantemente.

Tú: Conciencia Eterna que percibe desde tu amplia perspectiva No Física tu perspectiva física, e incluso tu perspectiva celular.

Tú Total: Tú, en tu forma humana, en un estado de sentirte bien y, por tanto, sin ofrecer una resistencia que haga que te separes de quien eres.

Universo: Una experiencia espacial relativamente cuantificable.

Vibración: La respuesta de armonía o discordancia de todas las cosas a todas las cosas.

Yo: Cualquier punto de conciencia. El punto del que fluye toda percepción.

Sobre los autores

Entusiasmados con la claridad y la utilidad de la palabra traducida de los Seres que se autodenominan Abraham, Jerry y Esther Hicks comenzaron a revelar su asombrosa experiencia con Abraham a un puñado de colaboradores íntimos en 1986.

Al reconocer los resultados prácticos que ellos mismos obtenían, así como las personas que formulaban interesantes preguntas sobre su situación económica, su cuerpo y sus relaciones, y aplicando luego con éxito las respuestas a sus propias situaciones, Jerry y Esther tomaron la deliberada decisión de poner las enseñanzas de Abraham al alcance de un creciente grupo de personas que buscaban respuesta a cómo vivir una vida más satisfactoria.

Utilizando como cuartel general su Centro de Conferencias ubicado en San Antonio, Texas, Jerry y Esther han viajado aproximadamente a cincuenta ciudades cada año desde 1989 para presentar unos seminarios interactivos destinados a enseñar «El arte de permitir» a los líderes que se reúnen para participar en esta corriente progresista de pensamiento. Y aunque pensadores y maestros vanguardistas de todo el mundo se han encargado de dar a conocer esta filosofía de Bienestar, incorporando muchos de los conceptos de Abraham a sus exitosos libros, guiones y conferencias, la principal difusión de este material ha sido de persona a persona, a medida que la gente descubría la utilidad de esta forma de práctica espiritual en sus experiencias personales vitales.

Abraham —un grupo de maestros No Físicos evidentemente evolucionados—, hablan desde su amplia perspectiva a través de Esther Hicks. Y cuando se dirigen a nuestro nivel de comprensión a través de unos maravillosos, eficaces, brillantes y a la vez simples ensayos por escrito y a través de cintas de audio, nos conducen hacia una clara conexión con nuestro entrañable Ser Interior y a una edificante adquisición de poder personal por parte de nuestro Yo Total.

Los Hicks han publicado más de 600 libros, cintas, CDs y vídeos de Abraham-Hicks. Si lo desea puede ponerse en contacto con ellos a través de su página Web interactiva www.abraham-hicks.com o dirigirse por carta a Abraham-Hicks Publications, P. O. Box 690070, San Antonio, TX 78269.